BERNARD J. JAWORSKI　　VIRGINIA CHEUNG

当德鲁克遇见孔夫子

SETTING AN ORGANIZATION'S DIRECTION

BUIILDING ON ESSENTIAL DRUCKER
AND CONFUCIANISM THINKING

［美］伯纳德·贾沃斯基　张曼姿　著
珈　瑜　译

東方出版中心

图书在版编目（CIP）数据

当德鲁克遇见孔夫子 / (美) 伯纳德 · 贾沃斯基, 张曼姿著；珈瑜译. 一上海：东方出版中心, 2022.1（2022.2重印）
ISBN 978-7-5473-1875-1

Ⅰ. ①当… Ⅱ. ①伯… ②张… ③珈… Ⅲ. ①德鲁克(Drucker, Peter Ferdinand 1909－2005) - 管理学 - 思想评论②孔丘（前551－前479）- 哲学思想 - 研究 Ⅳ. ①C93－097.12②B222.25

中国版本图书馆CIP数据核字（2021）第251188号

上海市版权局著作权合同登记：图字：09-2021-0200号

当德鲁克遇见孔夫子

著　　者　[美] 伯纳德 · 贾沃斯基　张曼姿
译　　者　珈　瑜
校　　译　中译语通
本书策划　刘　忠　唐丽芳
责任编辑　鲁培康　沈旖婷
装帧设计　李　果

出版发行　东方出版中心
地　　址　上海市仙霞路345号
邮政编码　200336
电　　话　021-62417400
印 刷 者　山东韵杰文化科技有限公司

开　　本　710mm × 1000mm　1/16
印　　张　12.5
字　　数　141千字
版　　次　2022年1月第1版
印　　次　2022年2月第2次印刷
定　　价　65.00元

前言

当我们阅读历史文献时会发现，一些最有影响力的美国大公司的首席执行官常常从忙碌的日程中抽空飞往洛杉矶，并在落地后向东驱车一小时驶向一个叫克莱蒙特的小镇，与彼得·德鲁克会面。德鲁克和他的妻子多丽丝（一位物理学家和企业家）就住在克莱蒙特一条安静的住宅街区一座不起眼的独栋小楼里。

虽然很多身在中国的德鲁克追随者只是因为彼得·德鲁克才知道了克莱蒙特，但"克莱蒙特学院联盟"实际上是排名顶尖的学院联盟，由七所学院组成，也被称为"西海岸常春藤联盟"。正如大部分人都无法成为彼得·德鲁克一样，也没有哪所学院可以像克莱蒙特研究生大学管理学院一样可以用德鲁克的名字命名。学院之所以在1987年以德鲁克冠名，既是出于景仰，更是对其独特的管理学教育的传承。

彼得·德鲁克在德鲁克管理学院任教长达32年，从1971年开始直到2003年。德鲁克享年95岁，在他去世前不久，即2005年春季，德鲁克还在该院做了最后一次演讲。正是在学院任教期间，德鲁克在这里写下了他32本书中的大部分著述。德鲁克身为一名教授，正是得益于他开创性的工作才将现代管理转变成为一门独立的学科，使得管理学在今天世界各地的商学院和管理学院中发扬光大。也正是他开创性地发展了美国第一个EMBA课程，造福了大量在职专业人士。更值得称道的是，德鲁克在教学的同时兼做企业顾问，这在那个年代是一种“创新”之举。因为在当时保守的学术环境中，教授兼职做咨询，并不被广泛接受。然而，也正是通过德鲁克持续而专注的咨询服务，当时一些颇具影响力的大型组织积极采用并实践他的管理理念，由此赋予理论以生命力。直到今天，我们依然秉承着这一传统，德鲁克学院的教授们都是极其贴近实践的，也都会分配时间为各种组织提供咨询服务。

今天尽管我们再没有机会聆听德鲁克讲课，但他的思想学说经过历史和时间的验证，仍被德鲁克管理学院奉为开展教学及研究的基石。同时，我们也充分认识到来自21世纪的新挑战，仅仅停留在重复德鲁克写在书中的理念已远远不够。对于我们而言，更重要的是要将德鲁克的理念推陈出新、发扬光大。所以对德鲁克思想的当代化，才是我们现在的工作重点，以及展望未来的价值所在。

我们观察到，中国经济在经历了几十年惊人的发展之后，大量中国企业对“**管理连续性与变革**”的需求日益增长。因此，**在对德鲁克思想当代化的研究基础之上，我们还对德鲁克与儒家思想进行了比较研究**。作为德鲁克学者，我们深感有责任将我们最新的研究成果介绍给中国商业精英，融合对中国商业和文化背景的感悟来引导他们的理解和实践。虽然这本书是以英文撰写的，但我们意识到中国市场的显著重要性，特别是考虑到中国为数众多的商业精英对世界经济所产生的影响，我们认为应该对中文读者的需要及时响应，因此决定将本书译为中文并在中国首先出版发行。

我们坚信，德鲁克和儒家思想都是经过时间检验，且将对子孙后代产生持续影响。这两种思想都有一整套可以用来指导个人和群体行为的原则和理论（例如，在儒家思想中，群体行为是以家庭为基础单位的，而在德鲁克管理思想中则是以组织为单位）。对当今全球的组织而言，是德鲁克创立的现代管理理论将管理有效性的概念带入日常实践；而在古代中国，儒家思想也曾作为维持社会、国家秩序的主导思想而发挥过关键作用。所以，儒家思想这种古老的东方思想与现代西方管理思想之间是有其明确联系的，我们的研究工作就是在这两种伟大思想之间架起指导商业实践的桥梁。**本书第一部分前五章的思想基础正是建立在这两种思想之上**，需要在此强调的是，我们用“**基础**”这个词是为了表示，我们的研究是建立在德鲁克和儒家思想已有理论基础之上，并将其延伸进21世纪。**本书采用了如下五种具体方法来加强对这两种思想当代化的工作。**

第一，我们在商业实践上已经取得了长足发展。例如，无论是从**组织**间竞争已转向**生态系统**间竞争的角度来看，还是从**数字化**带来的变革浪潮来看，当今商业世界已经高度**网络化**。但是，德鲁克不太可能预测这两种网络化形式的根本转变。此外，以宗旨为导向的组织和品牌也是在2005年他去世以后才逐渐出现的趋势。所以，我们在这里强调的关键点是，商业世界已经改变，现在我们需要以更新的思维来正确反映这种时代的变化。

第二，商业理论近年来也得到了大幅发展。在过去的20年里，产业界和学术界都产生了大量的新作品，从而推动了我们对管理学的认识。比如，德鲁克虽然没有对**宗旨**（**Purpose**）作出独立定义，但是，宗旨就包含在他所论述的**使命**（Mission）概念中。鉴于近年来宗旨这个概念在组织发展中的角色已经发生了重大变化——正如我们在第三章中描述的案例一样，不管是微软、强生，还是联合利华，我们认为，现在已经到了要将宗旨剥离开来作为独立篇章进行论述的时候，我们必须承认宗旨不同于使命。从总体上来说，这些商业理论的进步和发展贯穿于本书始终。

第三，我们对本书中这些课题的见解和认识也在不断**精进发展**，我们希望借本书分享这些观点。例如，在本书第一部分的所有章节中，我们对使命、愿景、宗旨等概念提出了**评估的标准**（比如，评价一个好的使命宣言有五项具体标准）。这些都是根据我们自己的研究得来的观点，而不仅仅停留在对德鲁克或儒家思想的复述。我们花了很多时间来思考这些问题，并对这些概念进行了**系统梳理**，这些观点和研究成果都会在此书中分享。

第四，我们在本书中，尤其是在第一部分各章中**将理论化的概念转化成切实可用的实践指南**，这与德鲁克的作品有所不同。德鲁克更关注的是提出新的概念，而不是对实践的细节进行具体描述。我们在如何塑造企业方向的**五大概念**中的每一章都有**自我评估**的部分，这正是与德鲁克采用的教学方法的不同之处。当然这并不代表德鲁克对我们的具体方法是否认同，但是这种利用自我评估工具的学习方式并不是德鲁克著作中常见的典型方式。

第五，我们在本书中引入了诸多新的概念，也提出了新的用词，包括对德鲁克用语中文翻译的更新，这些都是为了**更加精准地传达原著精神**，反映当今各个组织中**正在发生的变化**。我们在整本书中，尤其是第一部分中使用的例子、评估的标准和对业界最佳实践的评论都贯穿了这种理念。我们力求在本书中的每个章节都通过介绍新的思想、采用新的语言来推动实践的发展。

因此，我们在本书中提出的为企业指明方向的“**极星理论**”，是以德鲁克和儒家思想作为基础理论平台，以此构架发展出更加实用且直接的实践建议来塑造组织使命、愿景、宗旨、文化和价值观。正是这五大战略选择的协同为我们指明了企业的方向（使命、愿景、宗旨）和工作方式（文化、价值观）。我们希望您喜欢这本书，并将这些理念实际应用到您的企业中。

伯纳德·贾沃斯基

2021年10月于美国克莱蒙特

目录

第六章
从理论到实践——一个来自中国的企业案例

第二部分
融会中西管理方法

第七章
德鲁克思想概述——德鲁克管理思想的十项原则

第八章
儒家学说概述——儒家思想在管理学应用中的十项原则

第一部分

为你的企业设定正确方向

组织的使命、愿景、宗旨以及价值观、文化，这是一连串企业为了真正实现跨越时空的、可持续竞争所必需的基本决策和战略选择，是它们定义并奠定了企业发展的正确方向。

引　言

我们的经验表明，大多数企业始于产品或服务的一个点子。如果是一个产品或软件，那么工程师要努力设计出一个解决方案，比市场上已有的其他方案更出色。目标就是要提供被市场认为比现有竞品好得多的产品或服务。如果成功了，该产品或服务会被市场先导用户接受，从而使企业逐渐赢得更多顾客，招募更多员工，收入也会随之增长。如果一切顺利，这个组织会从一家小型初创企业逐渐成长为健康的中型或大型企业。

在这个阶段，据我们观察，组织会选择以下两条路径中的一条。第一条路径是积极的，企业会持续地自我更新，密切观察市场走向，能够满足当前市场需求，也能向未来市场过渡。这就平衡了两个时间段的竞争——**当前市场和未来市场**。这个概念被德鲁克称为“**管理持续性和变革**”。出于种种原因，要实现这个目标是很困难的，但也有少数公司确实成功做到了。第二条路径是相当消极的，企业死盯着一种商业模式，不断对其进行优化，结果无法转型，难以应对未来竞争。柯达、黑莓和诺基亚都是走这条路径的例子，它们在某个历史时期曾表现出色，但未能实现向新商业模式的转型。很不幸，许多企业走的都是这条路。

导致企业无法转型的原因很多。其中的关键原因之一是，高级领导层停留在仅关注技术或产品的状态，而没有去问一个基本问题：“**我们是做什么业务的?**”例如，柯达卖的是照相机和胶卷，但其从事的其实是创造回忆的业务。创造回忆的技术会不断变化，但记录事件这件事情永远存在。因此，“为企业设定方向”——组织的使命、愿景、宗旨、价值观和文化——是让企业能够在不同时期一直保持竞争力的一系列必要的决策和选择。

如果企业满足于只在某一个历史时期内提供一种核心产品参与竞争，那么就没有必要为其设定方向。但如果一个组织希望基业长青，那就有必要在这五个方面都做得出色。五方面结合起来，就提供了企业的总体目标，助其超越特定历史时期，同时也提供了实现目标的手段。具体来说：

1. 使命可以使企业超越产品或服务本身，专注于客户的核心利益。客户的核心利益——例如记忆——可以持续数十年甚至上百年，绝不局限于某一个历史时期。

2. 愿景阐明企业的基本目标或目的，描绘企业完成其使命时，世界会是什么样。这个愿景通常需要数十年努力才能实现，它是一种远大抱负，能激励人奋发向上，让大家干劲十足。

3. 组织的宗旨回答的是一个简单的问题：**“我们为何存在？”**在最根本的层面上，你所在的社区或社会能因你的组织的存在获得什么益处？你为何令这个世界更加美好？强有力的宗旨为组织指引推动社会发展的路径。

4. 组织的价值观为企业内的理想行为设定界限。我们要如何去实现我们的使命和愿景？能够指引员工的正确的信念和行为有哪些？

5. 最后，文化指的是企业内部目前以怎样的方式工作——是什么样的仪式、规范和信念塑造了现在的工作方式？企业希望确立什么样的文化，助其迎接现在和未来的竞争？

这五个方面可以分为两大部分：一部分关注外部市场（使命、愿景、宗旨），另一部分专注公司内部如何完成工作（价值观、文化）。使命和愿景通常关注的是企业所服务的市场。使命回答的是“我们从事的是什么业务”这个问题，愿景则关注使命的完成。也就是说，要达成使命我们能实现的具体目标是什么？最后，宗旨也是深植于市场的，但它不限于所服务的客户，关注的是使命和愿景对更广泛的社区或社会的影响。“我们为何存在”这个问题必须从社会的角度去回答。

另外两项——价值观和文化与前三项形成鲜明对比，侧重的是组织内部的工作方式。我们希望的理想运作方式（即我们的价值观）是什么？我们的文化又如何支持我们的价值观？价值观和文化通常要在确立了使命、愿景和宗旨之后再制定，因为不同的使命和愿景需要的文化不同。例如，如果我们的使命是主要关注“方便又快捷”，那么我们需要的文化就与追求“最尖端的技术”这样的使命完全不同。前者需要强调顾客服务的文化，而如果是技术驱动型的使命就会更加偏向技术创新型的文化。

请看图1.1。这是我们基于德鲁克管理学和儒家思想的精华构建的**企业方向理论，**我们称之为“极星理论”。如果根据市场影响力（我们称之为外部维度）对企业进行分类，企业主要可以分为三类：运营驱动型、产品/技术驱动型和方向驱动型。我们观察到，很多中国企业都属于前两类，目前真正属于第三类以方向驱动对外部市场产生影响的中国企业还很少。因此，很多中国企业都需要通过设定方向寻求长期可持续性，我们通过图1.2

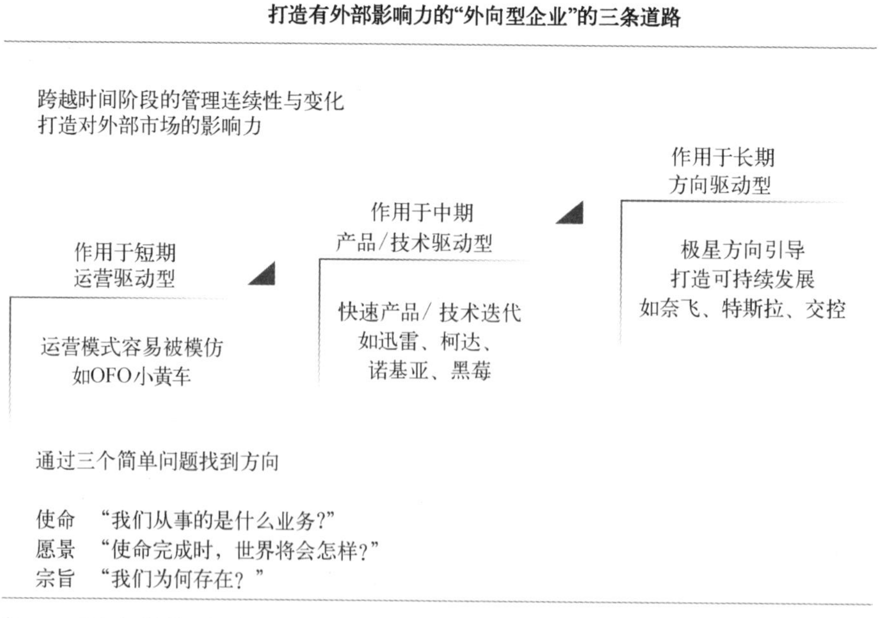

图1.1 开启企业的极星之旅（1）

给出了清晰的呈现。在此，我们把企业的外部驱动程度分为高低两类，对内部工作方式的关注程度也分为高低两类。右上象限是理想情况，企业的外部选择（使命、愿景、宗旨）和内部工作方式决策（文化、价值观）都很出色。但我们要强调的是，许多中国企业都落在该框架的其他三个象限，情况都不十分理想，每一个公司都有不同的管理问题。

星内力和星外力的平衡组合

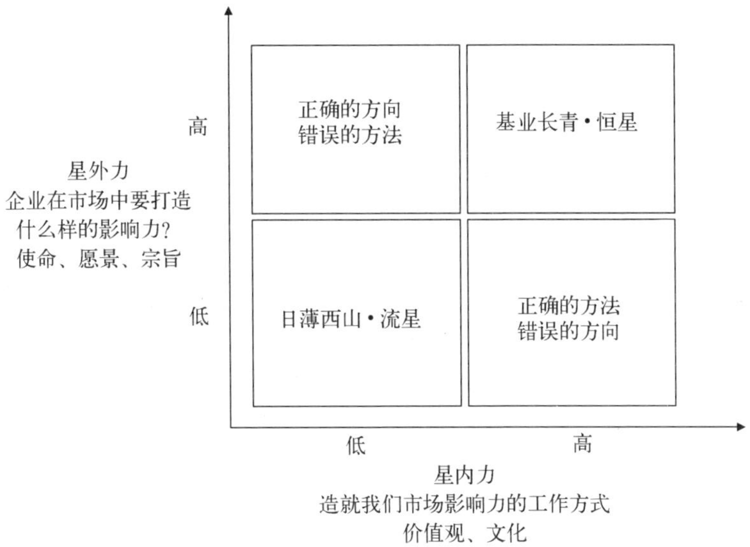

图1.2　开启企业的极星之旅（2）

最后，企业的战略，也就是企业在一个行业中关于“在哪里参与竞争”“如何胜出”的一连串具体、整合的选择，必须从设定方向开始。**战略要在明确使命、愿景和宗旨的前提下制定**。如果没有明确的使命和愿景，高级管理团队缺乏背景信息，不知道要服务（或不服务）哪个市场，组织的具体定位是什么，需要培养哪些能力来支持这种定位，那么他们自然无从作出选择。

本书分为两大部分。第一部分着重介绍如何确立令人信服的使命、愿景、宗旨、文化和价值观。每一章的结构相似，都是先明确判断概念优劣的关键标准（见图1.3五个方向性选择的判断标准），再提供一些指导，帮助读者制定自己的这些概念。我们的目的是帮助读者构建新的或评估现有的组织使命、愿景、宗旨、文化和价值观。本书的第二部分概述了德鲁克思想及儒家思想的一些原则。虽然本书第一部分的五个主题是基于我们自己的思想提出的，但其实我们是站在巨人肩膀上发展得来的。彼得·德鲁克在管理领域的开拓性工作经受住了时间的考验，其中对使命、文化和价值观都有讨论，本书关键章节都是以此为基础的。另一方面，儒家学说是一种以人为本的思想，在个体、关系、家庭和社会层面都适用。为了维护社会的更好运转，个人需要从事一些以社会为首要考量的活动，个人自身利益要放在第二位。儒家思想贯穿于本书第一部分。本书第二部分旨在为读者提供对德鲁克思想和儒家思想的基本理解，并将两者的经典作品联系起来，也与本书的第一部分联系起来。

使命	（1）关注客户的核心价值，而不是现有的产品或技术；（2）定义特定的目标客户；（3）简短有力，通常只有一句话；（4）必须符合其“事业理论”；（5）具有鼓舞人心的力量；（6）每个员工都可以从自己的角色出发为使命作贡献。
愿景	（1）清晰表达出“最终状态”；（2）简洁；（3）使用可以想象的、形象化的语言；（4）可以激励员工；（5）具有挑战性但又是可以实现的；（6）如何与竞争对手区别开。
宗旨	（1）明确组织的活动或产品如何帮助社会更有效地运作(不管是在地区范围内或全球范围内)；（2）引发积极情绪——可以触动心灵和思想；（3）可以回答这个简单的问题——为什么每一位员工每天充满热忱地来上班；（4）将企业的产品或服务与对社会的影响联系起来。
价值观	（1）必须有意义；（2）易于理解；（3）包括“必须拥有”和特定于公司价值观的组合；（4）与每项工作的具体行为和期望有关；（5）特定的，而不是通用的价值观；（6）独特地支持公司的战略。
文化	（1）不是(也不应该是)适合所有人的；（2）反映了公司相信自己如何会成功，以及为什么会成功；（3）与特定的行为和期望有关；（4）使员工能够想象自己受雇于这个组织会是什么样子；（5）找到文化元素间的冲突点，对其加以识别并明确指出；（6）勇于对自己决定的立场下赌注。

图1.3　五个方向性选择的判断标准

第一章

制定组织使命

CHAPTER ONE

伟大的使命有六个基本特征：关注客户核心价值，而非现有产品或技术；定义特定的目标客户；简短有力，通常只有一句话；必须符合其“事业理论”；具有鼓舞人心的力量；每个员工都可以从自己的角度出发为使命作贡献。

引　言

制定一个好的公司使命，这件事乍看起来可能让人觉得很容易。但我们的经验表明，企业高层团队往往需要花费几个星期甚至几个月的时间来回答这样一个基本问题：我们是做什么业务的？德鲁克是这样描述其中挑战的："没有比'**什么是公司的业务**'看起来更简单明了的问题了。我们会觉得钢厂就是生产钢材，铁路运营火车是为了运送货物和乘客，而保险公司就是承保火灾险等等。确实，这个问题也许看起来很简单，但却很少有人能提出这个问题；答案有时看起来似乎很明显，但却很少有人能给出答案。"实际上，"'我们的业务是什么？'是一个很难的问题，也是必须经过认真思考和研究才能得到答案的问题，因为这个问题的答案通常不是显而易见的"[1]。

同样重要的是，制定使命宣言不仅仅是制作一张漂亮的海报或在网站上写一段"关于我们"那么简单。它是企业领导团队需要作出的最重要的决策之一。如果企业使命定得太具体，仅仅局限于当前的产品和技术，那么企业很可能会忽略下一代产品和技术。如果定得太过宽泛，又无法帮助企业将研发资金、人力和目标市场等资源集中到关键领域。德鲁克认为，大多数企业往往没有足够认真地去考虑自己的目的和使命，这可能是导致企业发展受挫和失败的最重要原因。[2]

出于以上考虑，我们认为使命宣言具备**六个基本特点**，本章将详细介

1 Drucker, *The Practice of Management* (New York, Harper: 1954).

2 Drucker, 1954, p.50.

绍并展开讨论。阅读本章时，你可以自问：我的企业使命宣言符合这六条标准吗？如果不符合，我们强烈建议你修改使命宣言。本章的结尾会讨论五个案例。这五个企业使命宣言不仅全部符合六项要求，而且是最优秀的使命宣言，希望读者们能从中受益。

如何制定精准的使命宣言

优秀的使命宣言都具备六个基本特征：（1）关注客户的核心利益，而不是现有的产品或技术；（2）确定具体的目标客户；（3）简短，通常只有一句话；（4）必须符合其“事业理论”；（5）能够鼓舞员工；（6）让每个员工都知道在自己的岗位上如何为企业使命的达成作出贡献。

1. 关注客户潜在利益，而不是产品或技术

使命宣言应以顾客为中心，回答一个关键问题：“我们为目标市场提供的**核心顾客价值**是什么？”使命宣言不应强调现有的产品、服务或解决方案。公司做什么，这是企业内部要关注的问题。产品会变化，但其背后的顾客利益却可以保持若干年，甚至几十年不变。

以迪士尼为例，其企业使命是：“凭借其超凡的故事讲述能力、标志性品牌、创造性思维以及创新技术赢得众多家庭的喜爱，并将信息传递给全球各地的人们，为他们带去欢乐和启迪。”其中有两点特别出众。首先，公司从事娱乐业，所以其使命不是电影、主题公园、电视节目或数字产品。这些当然重要，但并不能回答“我们从事的是什么业务”这个问题。其次，在公司的所有事业中，客户的核心利益来自“故事讲述”，对于迪士尼的电影、电视，甚至主题公园，这一条都适用。可以想象，迪士尼的高管团队一定花了很长时间才找到了这一核心价值，它意义深远，贯穿公司所有

产品线，既代表现在，也预示未来。

2. 定义具体的目标客户

使命宣言必须指明具体的目标客户群。对于微软这样的大企业来说，目标市场可能十分广大，而对于小型初创企业来说，其核心市场可能很窄。事实上，初创企业面临的主要问题之一就是，涉足的机遇和领域太多，资源过度分散。

以美泰公司为例，其使命是“我们创新的产品和体验，通过玩来帮助儿童获得快乐并成长”。从中我们看到，美泰专注于儿童市场。使命宣言不需要详细说明目标受众（如，1—12岁儿童），但需要明确企业不服务哪些市场（如，美泰不关注青少年和成年人的玩乐市场）。还应该注意的是，与迪士尼一样，美泰的使命宣言突出了儿童的核心获益（玩），而不是产品形式（玩具）。几年前，美泰曾有一次明确的企业转型，将其使命从专注于玩具转变为关注“玩”本身。

3. 要简短——只需一两句话

马克·吐温曾说：“我没有时间给你写一封短信，所以我给你写了一封长信。”同样道理，企业高管团队要投入相当的时间才能写出仅有一句话的使命宣言。IBM的使命宣言就很值得探讨：“代表行业最先进信息技术的创造、开发和制造，包括计算机系统、软件、网络系统、存储设备和微电子，并且由IBM解决方案和服务专业人员组成的全球网络通过在全球范围内提供专业解决方案、服务和咨询业务，再将这些先进技术转化为对我们客户的商业价值。”

这则使命宣言明确了顾客的潜在利益，也明确了公司目标市场为B2B市场，但它却很冗长。员工无法记住这条使命宣言，因为它太复杂了。此外，我们之前建议，使命宣言不应强调产品和技术，而这条宣言主要关注的恰恰是公司目前所能提供的东西。按照我们的观点，这条宣言需要简化。我们的修改如下：“我们是创造和开发最先进信息技术的全球引领者，致力于为我们的商业客户提升生产力和业绩。”

4. 符合“事业理论”

德鲁克思想的一个关键点是，企业的使命必须符合市场“现实”。这种可以明确确定行业核心假设的能力在他的“事业理论”中是关键部分。一条使命宣言一定要符合行业的主要趋势、发展和演变。如果关于行业核心盈利模式的假设发生变化（例如，行业的利润点从产品本身转移到了服务或信息），那么企业就必须重新审视其使命。

因此，在起草一条使命宣言之前，企业高管团队必须就行业内正在发生的5—8个关键趋势，以及行业价值的走向达成一致。为此，应先列出40—50个趋势，然后逐渐筛选出其中最重要的几条。一旦确定了最关键的几个趋势，管理团队就要问了：“根据这些趋势，我们的使命是否仍然有效？”在刚才美泰的例子中，公司就意识到，“玩具”相对于“玩”来说显得狭窄了，而行业的发展要求企业转而关注更广泛的“玩”的价值。

5. 鼓舞人心

如德鲁克所言，使命不能与人无关，它必须有深刻的意义，体现你所相信的理念——你知道它是正确的。例如，雀巢用一句简单的口号及相关描述体现了其企业使命：“优质食品，美好生活”，“丰富多样的产品，为人生各个阶段带来健康选择”。其要点是，好的食品能帮助人们过上好的生活。另一个类似的例子是全球最大的生物科技公司之一——安进（Amgen）。其使命是将科学和生物技术的潜力转化为治疗方法，从而使人恢复健康，挽救生命，从而服务患者。雀巢和安进的使命宣言都能够鼓舞员工为公司的使命而努力。

6. 让每个员工都能为使命作出贡献

如德鲁克所言，领导层的基本职责是确保每个人都知晓、理解并践行企业的使命。他说过："使命往往是宽广的，甚至是永恒的，但它却能够指引我们作出正确的选择，确保组织中的每个人都能告诉他自己：'我在做的事情有利于实现整个组织的目标。'所以，使命必须清晰而且激动人心，要确保每一位（利益相关者）在看到组织使命之后都能明确地告诉自己：'是的，这就是我希望能够流传后世的东西。'"[1]

鉴于此，每名员工都必须问自己："我能做些什么来帮助我所在的企业完成其使命？"我的哪些优势能够指引我的工作，使工作成果有助于企业达成其使命？每位员工都应就"每个人对企业的使命有何贡献"这一话题与其上司展开讨论，每年一次。

如果员工看不到在自己的岗位上对企业达成使命有何帮助，那么这个使命宣言就没有意义了，必须重新制定。要记住，制定使命宣言的目的之一就是，要让所有员工朝着共同的目标前进。

精准的使命宣言代表案例

根据上述六项标准，我们可以逐渐制定出符合要求的企业使命。正如本章开头所指出的，这并不容易，但对企业的成功至关重要。

---

1 Drucker, Peter F., *The Five Most Important Questions You Will Ever Ask About Your Organization* (New York: Leader to Leader Organization/San Francisco, Jossey-Bass, 2008), chapter 2.2.

1. 领英（Linkedin）

领英致力于连接全球职场人士，并协助他们事半功倍，发挥所长。

领英有多条业务线，但都与建立人与人的联系有关。有时这种联系是要帮助人力资源专员招聘到合适的员工，另一些时候是将受众与领英提供的学习方案联系起来。专业的销售人员也可以通过领英的网络找到、接触并联系新的潜在客户。领英的收入主要来自向其会员销售不同级别的访问权限和功能（例如，专业销售人员如果获取高级会员资格，可以更好地定位潜在目标客户）。2016年，领英被微软收购，成为其全资子公司。截至2020年12月，领英已在全球200多个国家拥有超过7.4亿注册会员。

下面来看前面所说的六个标准。对领英来说，核心顾客利益在于"连接"专业人士。为什么要连接呢？为了使这些专业人士事半功倍，发挥所长。其目标市场是"全世界专业人士"，这就与其他网站（如Instagram、脸书）做了明确的区分，这些网站帮助人们彼此连接的目的各不相同。领英的这个使命宣言共计26个字，却涵盖了目标客户和核心利益，也能够将所有员工团结在一起。而且，它也符合当今数字世界中人们从"面对面"向"面对屏幕"交往的潜在转变。最后，它也为员工指明了努力的方向，鼓舞他们努力工作，因为他们的工作可以帮助他人取得成功。

2. 亚马逊（Amazon）

成为地球上最以客户为中心的公司。

1995年，亚马逊的使命宣言是成为地球上最以客户为中心的公司，让客户可以找到和发现任何他们可能想在网上购买的东西，并努力为客户提供尽可能低的价格。到2021年，这一使命宣言已精简为"成为地球上最以客户为中心的公司"。这一转变体现了亚马逊既有B2C业务，也有庞大的B2B业务（即亚马逊网络服务）。

这一使命宣言非同寻常，反映了亚马逊的全球主导地位。少有其他企业能制定如此宽泛的宣言。支撑这一使命宣言的是亚马逊另外制定的14项领导原则。这些原则为全体员工提供非常具体的方向和指引。这些原则与使命宣言共同发挥了鼓舞和激励亚马逊全球员工的作用，而且，员工们每一天都在实践这些原则，它们指引着企业的决策和资源分配（见附录一）。

3. 美国联合服务汽车协会（USAA）

通过提供各种极具竞争力的金融产品和服务增进会员、关联机构及其家人的财务安全保障；借此，USAA力求成为军队的首选服务提供商。

美国联合服务汽车协会是一家以宗旨为导向的组织，致力于为美国军界提供金融服务。其产品线有保险、银行、投资和信贷等。即使它非常专注于特定目标市场，但其2020年的收入还是达到了340亿美元，在《财富》500强排行榜中名列第100位。截至2020年，其净收入为40亿美元，净值400亿美元。由于协会是由与企业签订保单的人员组成的保险交易所，其所有权结构也比较特别。2020年，首席执行官汤姆·法戈指出："我为USAA在2020年的业绩感到自豪，但我对此并不感到意外。协会的崇高使命是帮助会员实现他们的财务目标，这一使命始终如北极星一般指引着我们，为曾经为国奉献的人们提供最高水平的关怀和服务。"USAA被评为最佳工作场所第19名。

这个使命宣言清晰、具体、易于理解，很好地传达了"财务安全"这一核心利益，因而也避免了仅关注具体产品，只说明"我们提供各种有竞争力的金融产品和服务"就足够了。企业的目标客户也很明确——美国军界。这条使命宣言只有短短两句话，而且，它足够精准，让每个员工都可以准确判断自己的岗位怎样能够帮助企业完成这一使命。由于专注于军界，USAA一直享有很高的员工参与度，在最佳工作场所排行榜中一直名列前茅就是明证。事实上，USAA有多达89%的员工都表示这里是理想的工作场所，而一般的美国企业，这一比例只有59%。

4. 安进（Amgen）

将科学和生物技术的潜力转化为治疗方法，从而使人恢复健康，挽救生命，以此服务患者。

安进是世界上最大的专注于人体治疗学的独立生物技术公司之一，2020年的销售收入达245亿美元，市值超过1 280亿美元，在全球拥有23 000多名员工。

安进提出的恢复健康、挽救生命的使命对其目标客户（有健康问题的患者）而言非常有力，对公司员工也具有很强的激励作用。这个使命宣言精确、有力、鼓舞人心。同时员工也很容易把这个使命转化为对他们具体工作的要求。例如，安进的科学家们明白，他们要专注于突破性的疗法；销售人员知道，他们传播安进疗法的功效就是挽救生命；生产部门则会谨记，细胞培养必须保持高水准的质量控制。

5. 特斯拉（Tesla）

加速世界向可持续能源的转变。

截至2021年2月，特斯拉是世界上最有价值的汽车制造商，销售额310亿美元，市值超过6 500亿美元。这一市值在很大程度上源自电动汽车重塑全球交通市场的潜力。特斯拉目前的产品中包括电动汽车、电池储能和太阳能技术。2020年，特斯拉汽车全球销量接近50万辆。

特斯拉短短13个字的使命宣言阐明了其核心价值在于可持续能源，也指明了其寻求这一价值的路径是加速变革。而且，这条宣言还玩了一个关于“加速”的有趣的文字游戏，因为踩下油门，汽车就会“加速”。这条使命宣言有很多优点：对于员工而言，它好记、可信，能鼓舞他们——加速转变，朝着可再生、可持续能源的方向。

评估你的使命宣言

现在轮到你来对自己企业当前的使命宣言做一个评估了。以下是你需要检视的六个问题：

（1）你的使命宣言是否突出了企业为客户带来哪些核心利益?

（2）你的使命宣言是否指明了目标市场?

（3）你的使命宣言是否仅有一两句话，每个员工都能轻松记住并清晰陈述?

（4）你的使命宣言是否完全符合所在行业的基本趋势和更广泛的宏观环境（例如政治、社会、技术趋势等）?

（5）员工对企业的使命是否感到兴奋，受到鼓舞，干劲十足?

（6）是否每个员工都能看到自己的岗位和职责，对企业的使命有何助益?

如果你对上述任何一个问题的回答是否定的，那么你企业的使命就必须更新。如德鲁克所说，这绝非易事，无法一蹴而就。高层管理团队必须深入思考以上的每一个问题。从组织的各个层级收集想法往往会很有帮助。征求现有客户的意见也很有价值——看看你企业的使命宣言是否符合客户对企业的看法，了解客户对公司为他们带来的利益有何看法，与企业使命中所表达的核心价值是否一致。制定一条好的使命宣言需要时间，而且会经历反复的修改，对此要有思想准备。

结　论

“界定企业目的与使命是件困难、痛苦且具风险性的工作。但唯有这样，企业才能设定目标、发展策略、集中资源、有所行动；唯有如此，企业才能管理绩效。”[1]德鲁克认为，制定清晰、具体、鼓舞人心的使命宣言是十分必要且重要的任务，要在制定企业战略战术之前完成。

1 Drucker, 1993, p.94.

第二章

制定组织愿景

CHAPTER TWO

伟大的愿景宣言有六个关键特征：清晰表达出“最终状态”；简洁；使用可以想象的、形象化的语言；可以激励员工；具有挑战性但又是可以实现的；与竞争对手区别开。

引　言

愿景宣言需要回答的问题是：**当我们的使命达成时，世界将变成什么样？**下面我们举个例子。财捷集团（Intuit）是位于美国硅谷的一家金融软件企业，2020年的收入为77亿美元，同比增长13%。许多机构都将这家公司评为最佳工作场所之一。财捷集团提供一系列软件产品，帮助消费者和小型企业跟踪记录财务支出、融资、损益，以及资产负债情况。公司的使命是助力世界各地的繁荣，而这个使命意味着其愿景是让公司的影响遍及全球尽可能多的个人和小企业。这一使命与愿景的局限性在于没有指出明确的目标，但其中所体现的价值观既强调深深吸引客户，又重视对社区和人群整体的影响力。从中可以看出，对财捷集团来讲，更广泛的影响力远比简单追求经济回报更重要。

制定明确的愿景为什么很重要？因为只有设定了明确的目标或最终状态，我们才能看清自己朝着**使命达成**那一天迈进的步伐，对于任何一个衡量组织状况的关键指标都是如此。如我们所知，世界银行关注的是提高赤贫人群的生活水平。虽然这本身是一个崇高的事业，但只有确立明确的目标，这一崇高使命才具有现实意义。为此，世界银行指出，目前有近8亿人生活在极端贫困之中——日收入1.90美元或以下，并首次明确设定了达成使命的期限——2030年。这是世界银行的首要目标。

百事公司的使命是：每一口都创造更多微笑。为实现这一使命，他们的愿景是：秉持“赢之有道”的理念，成为休闲食品和饮料行业的全球领导者。这一愿景表明，公司致力于以可持续的方式在市场竞争中胜出，加速在高端市场的增长，同时做有利于地球、有利于社会的事。这里所指明的最终状态——成为全球领导者——非常清楚地表明，百事要做业界第一，也就是说，要击败他们的主要竞争对手可口可乐公司。

为什么制定一个简单的愿景宣言其实很难呢？首先，让一个组织致力于实现一个非常具体的目标往往很难，而声明一个笼统的目标则容易很多——例如“我们希望终止贫困”，或“我们希望成为一家高绩效企业”。但这种笼统的说法无法像具体的数字或明确的目标一样，使人产生紧迫感，激发人们工作的动力。其次，如果企业设定了具体的目标和期限，就相当于作出了一个公开的承诺，如果未能达成则人尽皆知，企业颜面尽失。再次，对于怎样才算实现了企业的使命宣言，领导团队内部常常会有不同看法。总之，这三方面都会妨碍组织制定一个清晰的、代表“最终状态”的愿景宣言。

本章的结构如下：首先讨论伟大的愿景宣言所具备的六个特征。然后介绍六家企业，作为清晰、具体的愿景宣言的范例。不过即使是这六家企业的愿景宣言，有些也仍有改进空间。因此，我们不仅会指出这几条愿景宣言的优点，也会提出改进的建议。此外，我们还将提供一个问题清单，帮助你制定自己的企业愿景宣言。

如何制定伟大的愿景宣言

与使命宣言一样，愿景宣言也应简洁明确，能够鼓舞员工的干劲。在此，我们重点介绍伟大的愿景宣言的六个关键特征：（1）清晰地表达出一个明确的“最终状态”；（2）简练；（3）使用形象化的语言；（4）能够鼓舞员工；（5）具有挑战性但又是可以实现的；（6）与竞争对手有明显区别。

1. 清晰地表达出一个明确的“最终状态”

好的愿景宣言要能回答这样一个问题——当我们完成使命时，世界将会怎样？如前所述，组织往往不会承诺具体的目标。以德国的跨国企业级软件公司思爱普（SAP）为例，该公司明确提出的愿景是："帮助世界更卓越地运转，并改善人们的生活。"这个愿景宣言不仅没有准确描述最终状态，而且连对企业的主要业务都语焉不详。这样人们很难了解这家企业是做什么的，做运动鞋的吗？还是交通运输或物流企业？抑或医药企业？

世界级会计和管理咨询公司德勤（Deloitte）也有类似情况。他们的愿景是：立志成为卓越的标准，成为最受追捧的客户和人才的首选。这条宣言有几个方面可以商榷。首先，"卓越的标准"这个用语虽然表示"最佳"，但没有说清这家企业提供什么服务，是顾问、咨询、会计服务、税务服务，还是所有这些？至于成为"最受追捧的客户和人才的首选"，我们觉得这个说法确实不错。"成为……人才的首选"表明公司在人才市场上属于顶级企业，能够招募到最优秀的员工。可是"最受追捧的客户"就不那么清晰明确了，它指的是世界最大的几家企业吗？还是顶级品牌、最好的工作场所，抑或仅指最具挑战性的任务？

2. 简练——只需一句话

好的愿景宣言只需一句话。万豪国际集团大约管理着20多个知名酒店品牌，包括万豪、W酒店、威斯汀、喜来登、丽思卡尔顿、艾美等等。它的愿景宣言非常简单——"成为世界上最受欢迎的旅游公司"。"最受欢迎"这个词选得很好，它表示"优先于其他所有同类公司"。因此，这条宣言的意思是，在其所服务的特定市场上，万豪要在所有竞争对手中脱颖而出，成为首选。那么，对于丽思卡尔顿而言，这条宣言意味着要胜过四季酒店和文华东方，成为首选。对威斯汀来说，它意味着要比希尔顿更受欢迎。因此，这条宣言虽然很宽泛，但对于集团旗下每个分支来说，都很容易做出解读。

3. 形象化的语言

相较于抽象的语言（如，我们的目标是在钟表行业提供世界级的客户服务），形象化的语言可以引发员工情感上的共鸣，为大家提供共同的参照点。如果一条愿景宣言能够非常清晰地描述出所期望的长期结果是怎样的，就说明愿景是有关“理想未来”的一幅清晰、具体的图景。[1]对于一家手表公司，这种“理想未来”的清晰图景可以简单到只是“每个人都戴手表”。与之前的“在钟表行业提供世界级的客户服务”相比，这显然更有画面感。

4. 鼓舞员工

一个伟大的愿景在很大程度上与伟大的使命一样，必须令人鼓舞、激励人心，让员工干劲十足。就愿景而言，其希望达成的结果必须能让员工因身为组织的一分子而感到自豪。组织的愿景如果是帮助解决世界的饥饿、贫困，甚至一些人类的基本需求问题，往往更能鼓舞人心。不过，许多行业其实都可以制定出非常鼓舞员工干劲的愿景。例如，交通运输行业的愿景可以是，提供“安全可靠”的服务让用户有更多时间陪伴所爱的人；技术行业的愿景通常表述为某种形式的“更快、更好或价格更低廉”——以便提高工作效率；而包装消费品行业的愿景可以是，提供最高品质的食品，同时促进地球的可持续发展。

5. 具有挑战性又可以实现

愿景中所描述的最终状态就是典型的“延伸性目标”——如果组织高度专注，努力工作，坚持不懈，那么目标最终是可以实现的。但要达成这

1　Andrew M. Carton and Brian J. Lucas (2018). How can leaders overcome the blurry vision bias? Identifying an antidote to the paradox of vision communication. *Academy of Management Journal*. 2018. Volume 61. No. 6. 2106-2129.

样的目标又相当困难，需要员工付出非同一般的努力。想想世界银行的目标——到2030年让贫困终结——或许不太现实。

6. 有别于竞争对手

制定伟大的战略意味着要提出竞争对手无法匹敌的价值主张。同样，制定愿景宣言也要以别具一格为目标，一定要包含竞争对手无法轻易承诺的内容。回想一下德勤的愿景：立志成为卓越的标准，成为最受追捧的客户和人才的首选。这就不是一个别具一格的愿景宣言，因为普华永道或者毕马威等优秀的同类企业都可以采用这条宣言。

伟大的愿景宣言代表案例

按照上述六条标准，我们很难在现实中找到完全合格的愿景宣言。下面讨论的六家企业的愿景宣言都是比较出色的，有些堪称完美，有些还需改进。

1. 宜家（IKEA）

我们的理想是为大众、顾客以及我们的员工、供应商公司的员工创造更加美好的日常生活。

宜家是来自瑞典的跨国企业集团，设计、销售板式家具、厨房电器用品及家居配饰。截至2021年，宜家已成为全球最具价值的家具零售品牌，也是全球领先的零售品牌之一，445家门店遍布世界各主要市场。在截至2020年9月的财政年度，宜家公布的销售额达352亿欧元，尽管线上销售增长了60%，但这一总体销售额还是比上年同期少了15亿欧元。

要理解什么是“为大众创造更美好的日常生活”，就需要明白宜家如何看待自己的核心业务理念。对此，宜家是这样说的：我们的核心业务理念是“以尽可能低的价格提供各种设计精良、功能齐全的家居产品，使尽可能多的人负担得起”。此外，宜家还表示，其愿景不限于家居领域，希望能“为我们业务所能影响到的所有人创造更美好的每一天”。

宜家这条愿景宣言有几个方面值得关注。首先，它具有挑战性但显然可以实现。其次，这一愿景是要改善全球人们的生活，这很能够鼓舞员工。而且，这个愿景也是通过简短的一句话表述的：“为我们业务所能影响到的所有人创造更美好的每一天。”人们可以去设想“更加美好的每一天”对客户意味着什么——喜欢并享受他们的家具、电器和配饰。这个愿景与家具行业的其他企业也很不一样。不过，还是有一个问题：这里没有描述出具体的最终目标。也就是说，创造出了“更加美好的每一天”之后，世界会是什么样子呢？考虑到全球每年有近8亿人次到访宜家门店，我们认为宜家的愿景可以包含一个量化的目标，如，每年改善超过10亿人的生活。

2. 人类家园（Habitat for Humanity）

世上人人得以安居。

人类家园是一个以基督教信仰为基础的组织，其使命宣言是：“人类家园以行动凝聚众人，携手建设家园、社区及希望。”该组织负责住房建设的是一群志愿者，销售不谋求利润。2020年有590万人因该组织的房屋新建、改造、恢复和维修工作获得了新的住房或改善了住房条件。自1976年成立以来，该组织服务人数已突破3 500万人大关。

人类家园的愿景宣言符合我们提出的五条标准。它描述了最终状态——世上人人，它只有8个字，却强有力地宣示，如果组织的使命能够达成，则大家看见的最终结果将是人人得以安居。据我们所知，任何其他非营利组织的愿景宣言都无法与这句话相匹敌。唯一存疑的是，这一愿景显然颇具挑战性，但它是否也是有可能达成的呢？

3. 瓦尔比派克（Warby Parker）

我们认为购买眼镜应该是轻松有趣的，应该让你快乐而且好看，口袋里还有余钱。我们相信，每个人都有看见的权利。

瓦尔比派克是美国的一家处方眼镜和太阳镜零售企业。2018年，这家私营企业约有1 400名员工，销售额2.5亿美元左右，有线上和门店两种销售渠道，其商业模式的关键点在于打破了当前眼镜行业内近乎垄断的状态，从而大幅降低眼镜价格。该公司表示："瓦尔比派克是本着叛逆的精神和崇高的目标成立的：要以革命性的价格提供名牌眼镜，同时引领有社会意识的业务发展。"

这里的"最终的状态"是"每个人都有看见的权利"，而达成此状态的办法是在轻松有趣的环境中提供价格低廉且前卫时尚的眼镜。虽然这个愿景不止一句话，但它用的是通俗易懂的语言，而非行话，而且"轻松""有趣"这样的用词很有画面感，让你"快乐而且好看"的表述也非常出色。这个愿景显然具有挑战性，而且能够鼓舞员工。不过，更好的做法或许是提出一个具体的目标人数，而不是笼统地说"每个人"。最后，这个愿景也很有区分度，没有任何其他眼镜零售商提出过类似的愿景定位。

4. 卡特彼勒（Caterpillar）

我们的愿景是能够以一种环境可持续的方式满足所有人的基本需求（例如住所、清洁用水、卫生设施、食物和可靠的电力），并作为一家公司来不断改善环境质量和我们生活居住的社区。

卡特彼勒公司2020年的销售额和收入达417亿美元，是世界领先的建筑机械和采矿设备、柴油和天然气发动机、工业燃气轮机和柴油电力机车制造商，在财富500强中排名第62位。卡特彼勒指出：客户使用卡特彼勒的产品建设基础设施，从而提高人们的生活水平，使人们用上水、电、路、桥、医院、学校和其他基础设施。

这个愿景值得称道的是，它关注最终客户及其利益，而不停留在真正购买他们建筑和采矿设备的B2B顾客身上。大部分B2B企业的愿景都只关注直接的B2B客户，但企业的社会影响其实发生在最终消费者身上。这个愿景虽然也超过了一句话的长度，但它非常能鼓舞员工，因为其目标是通过满足住房、水、交通等人类基本需求来改善个人和家庭生活。这也是一个具有挑战性的愿景，但可能无法完全实现，所以设定一个更具体的目标或许会更好。此外，这条愿景宣言在语言上也许可以更实在、更有画面感一些，而不是抽象地说“满足所有人的基本需求”。

5. 史密森学会（Smithsonian Institution）

到2022年史密森学会将利用其独特的优势吸引和激励更多的人，无论人们身处何处，都可以对他们产生更大的影响，并推动可以影响国家与世界的重大问题的关键对话。

史密森学会是世界上最大的博物馆、教育和研究综合体，藏品超过1.5亿件。学会旗下有19家博物馆、21家图书馆、9个研究中心，大部分集中在华盛顿特区，每年接待游客3 000万人以上（新冠疫情前），年预算约12亿美元。

史密森学会的愿景宣言侧重“推动关键对话”，也就是说，其展品和馆藏应该能够引导人们就重要问题展开对话，而且不仅是在美国，也要放眼世界。这是个崇高的目标，但有理由认为这条宣言很难带来画面感——就重要问题展开有趣的对话是什么意思？这句话用词微妙，含义复杂，有种令人跃跃欲试的特点。在我们看来这个愿景也是具有挑战性而且可以实现的。但问题是，其他拥有类似馆藏的博物馆也有可能发起类似的“关键对话”。史密森学会的独特之处在于其藏品的广度和深度，但其愿景似乎未能充分体现这一点。

6. 丰田（Toyota）

丰田将引领未来出行社会，用最安全、最负责任的出行方式丰富世界各地人们的生活。

丰田是世界最大的汽车公司之一。2020年，其全球汽车销量下跌11.3%至952.8万辆，销售收入超过2 750亿美元。同期，大众汽车的销量下跌15.2%至930.5万辆，因此，按销量计算，丰田仍然是世界最大的汽车公司。丰田还是“最佳工作场所”和“最受欢迎公司”等榜单的常客。同时它也是最早积极进军电动汽车及混合动力汽车市场的企业之一。

丰田的愿景宣言最有意思的一点是提出了“引领未来出行社会”的概念，而且要用最佳、最负责任的方式帮助人们“出行”。他们没有提及“汽车企业”，而是强调了人的“出行”，也没有提及“交通运输企业”，这可能带来一种价值上的转向，可能从硬件转向软件，甚至可能脱离汽车本身。这显然是着眼未来的，而且非常具有挑战性。尽管这个愿景有可能实现，但我们认为，如果能提出更具体、更有画面感的说法，这个愿景宣言将更有生命力。

评估你的愿景宣言

基于对上述六条愿景宣言的分析，我们看到了改进的空间。与使命宣言和宗旨宣言一样，愿景宣言的制定也应该由组织的最高层向下推动，并征求各级员工的意见。愿景宣言要经过所有关键利益相关者的“考验”，尤其是重要的客户和合作伙伴。

下面是需要考虑的六个基本问题：

（1）我们的愿景宣言是否描述了一个明确、具体的最终状态或目标?

（2）我们的愿景宣言是否在一两句话之间?

（3）员工和其他关键利益相关者能否将我们的最终目标具象化（如每个人都戴手表）？

（4）愿景宣言是否具有挑战性，但又可以实现?

（5）愿景宣言是否能鼓舞关键利益相关者，尤其是员工?

（6）我们的愿景宣言是否与竞争对手的有所不同?

结　论

愿景宣言与使命宣言相辅相成。使命宣言聚焦于“行业”和“底层的核心客户利益”，它回答“我们从事哪个行业”这个基本问题，但不会指明最终状态，或者使命达成后的状态是什么——这是愿景的范畴。愿景是我们期待实现的最终目标，是最佳状态。愿景将组织团结起来，让员工在最终目标的推动下，每天都能精神饱满地来上班。

第三章

制定组织宗旨

CHAPTER THREE

一个优秀的宗旨宣言必须具备四个特征：明确组织的活动或产品如何帮助社会更有效地运作；引发积极情绪，可以触动心灵和思想；回答为什么每一位员工可以每天充满热忱地来上班；将企业的产品或服务与社会影响联系起来。

引　言

很多组织可能具有明确的使命和愿景，但无法明确回答“企业为何而存在”这个问题。**使命宣言关注顾客利益，而宗旨宣言则更高一层，关注社会利益**。对于一部分组织来说，两者紧密相关。以安进为例，其使命与其他许多生命科学企业一样，是改善健康和挽救生命，关注点在于使用公司药品的患者。但推而广之，挽救生命不仅关系到患者本人，更关系到患者的家庭、所在社区，以至整个医疗卫生系统的有效性。另一家生命科学领域企业罗氏公司（Roche）就提出了“先患者之需而行”的宗旨，基于此，他们“相信优秀的企业能让世界变得更加美好”。

20年前，很少有组织会花时间和精力来制定宗旨宣言。而现在，尽管没有正式的统计数据，我们的经验表明，财富500强企业中约有25%具备宗旨宣言，或至少是类似的表述。变化的原因何在？使命宣言阐明了基本的顾客利益，愿景宣言描述了期望达到的最终状态，但两者都没有说明一家企业的存在会给社会带来哪些益处，而最能激励员工、客户和社会上其他利益相关者的正是社会利益。

德鲁克说过，制定使命宣言是一项艰苦的工作，可以肯定的是，制定宗旨宣言会同样艰苦，原因有三。首先，宗旨必须在现实和延伸性目标之间求得平衡。如果天平太偏向延伸性目标一侧，员工就不会认真对待。其次，宗旨宣言要让员工读起来干劲十足，愿意每天为了实现宗旨而上班。所以，宗旨宣言不是贴在墙上的标语，而应该是吸引员工加入一个组织的根本原因之一。再次，一些高级管理者可能觉得，使命和愿景已经足够推动组织走向未来，但实际情况绝非如此。人们需要一个更高的追求，他们需要知道为何我的生命对世界而言是重要的，而工作在日常生活中占很大比例，所以工作需要让人感到有意义。

本章的结构如下：首先讨论优秀的宗旨宣言的四个特征，随后介绍五个明确具体的宗旨宣言，另外还会提供一份问题清单，供你在制定自己的组织宗旨宣言时参考。

如何制定激励性的宗旨宣言

宗旨宣言与使命宣言一样，应该简单、清晰，能激励员工。优秀的宗旨宣言应具备四个关键特征：（1）明确组织的活动或产品如何帮助（本地或全球）社会更有效地运作；（2）触动心灵和思想，引发积极情绪；（3）可以回答一个简单的问题：员工为何应该每日充满热忱地来上班；（4）连点成线，说明企业的产品或服务最终能够带来怎样的社会影响。

1. 组织如何帮助（全球或本地）社会更好地运作

宗旨宣言必须向员工、客户和其他利益相关者明确说明，企业计划如何给社会带来改善。这不是偶然事件，而要深植于企业的基因中。举例来说，德国的西门子集团年收入570亿欧元，其创办的初衷就是对社会的关切。现任首席执行官乔·凯瑟尔说过："西门子的根基是一个强大的理念：一家公司不应只关注利润最大化，还应该服务社会——通过技术、用人，以及其他一切活动来服务社会。这个理念至今仍然适用。服务社会的同时取得商业上的成功和盈利是西门子战略的核心。这就是我们公司的终极宗旨。"

西门子通过其能源、医疗和基础设施等领域的业务来帮助社会更好地运行，途径十分清晰。但换作其他企业，就需要明确定义自己的角色。美国的西南航空公司秉持这样一个宗旨："通过友善、可靠、低成本的航空出行，让人们与他们生活中重要的东西联系起来。"这个宗旨如何体现社会效益呢？西南航空帮助人们聚在一起，共同工作、度假或举办家庭聚会，这是社会凝聚力的基础，而西南航空就是在为人们相聚而努力。

需要强调的是，只服务本地，只影响一座城镇或一个地区也是可以的。宗旨不一定要像西门子一样是全球性的，或像西南航空一样是国家层面的，它可以只面向中国的某个地区，甚至仅针对一个城市。关键是要体现真正的社会效益，而不能仅仅是一个口号或一次公关活动。

2. 触动心灵和思想

来自瑞士的跨国生命科学公司罗氏收入超过600亿美元，其宗旨宣言只有七个字："先患者之需而行。"对此的进一步阐述是："我们相信，在专注于创新研发的同时，提供患者所需的医疗解决方案亦是当务之急。我们始终对改善患者的生活充满激情，同时我们勇于决策，敢于行动；我们也相信，优秀的企业能让世界变得更加美好。这就是我们每天努力工作的初衷。我们恪守科学的严谨、坚定的道德，以及锐意创新的精神。我们今天的努力就是为了创造更美好的明天。我们对所从事的职业、所专注的事业，以及所拥有的理念倍感自豪。我们的团队来自不同背景和文化，乃至不同国家——我们因为一个共同的名字走到一起。"

3. 激励员工——大家为什么乐于每天来上班

雀巢公司的宗旨是充分发掘食品的力量，提升每个个体的生活品质，无论当下还是未来。正如雀巢美国首席营销官所言："我们的公司会面向未来，不断发展变化，但我们能不断推出受欢迎的产品，让你从商店的货架上选取雀巢产品时感到愉悦，其根本原因在于，我们具备本着一个宗旨去不断创新的能力。"而对雀巢的员工来说，最宏伟的目标就是将食物与每个人的生活品质联系起来。

回到西门子的例子，其首席执行官凯瑟尔曾说："公司需要一个基本宗旨将各项业务统一起来。"他强调了更高的宗旨在激励员工方面的作用，尤其是鉴于西门子队伍庞大，在203个国家有35万名员工。他还说："人们都希望一生中能有所作为。让员工参与进来，共同追求这个宗旨，会让他们因为在这家公司工作而自豪，这是吸引顶尖人才的最佳方式。"

联合利华的宗旨是让可持续的生活成为常态。该公司表示："宗旨是我们业务的基础。我们将它融入公司的每个部分，以便实现我们成为可持续商业全球领导者的愿景。最新数据显示，这对我们的业绩有重大影响。"

联合利华的核心逻辑是，相信有宗旨的品牌才会成长："有宗旨的品牌有三个切实的好处。第一，促进人们的健康、信心和福祉。第二，有宗旨的品牌有利于地球健康。联合利华希望打造有助于自然再生、应对气候变化、为后代保留资源的品牌。第三，有宗旨的品牌有助于建设一个社会更公平、更包容的世界。在这方面，联合利华认为，他们的品牌倡导人权，支持平等，公平分配价值。"

在德意志银行的会议上，联合利华首席执行官艾伦·乔普表示："我们相信，有明确和令人信服的证据表明，有宗旨的品牌才会成长。事实上，我们对此深信不疑，我们承诺，未来联合利华的每个品牌都将是有宗旨的品牌。"

他补充道："多芬、凡士林、第七代、本杰瑞和布鲁克·邦德等品牌的出色表现显示了品牌在解决环境或社会问题方面的巨大影响。但光说是不够的，关键是品牌要采取行动，表明有所作为的决心。"

4. 连点成线——发挥社会影响力

飞利浦的宗旨是通过有意义的创新改善人们的健康和福祉，具体目标是到2030年，每年改善25亿人的生活，其中包括4亿来自资源不足社区的人。飞利浦提供的解决方案是改善人们健康和福祉的“有意义的创新”。鉴于飞利浦的战略是成为一家专注医疗的公司，这个宗旨调整为“有意义的医疗创新”更加精准。这个宗旨宣言的有趣之处在于，体现了飞利浦对两个社区的关注，一个是一般社会，另一个是由于各种原因无法获得世界平均水平医疗服务的人群。服务前者很好理解，而服务后者则是将自身产品与服务同弱势群体相联系的优秀案例。

激励性的宗旨宣言代表案例

全球各大企业提出自己的使命宣言和愿景宣言已有近70年历史，而与此形成鲜明对比的是，宗旨宣言是近20年才逐渐兴起。事实上，有些大公司是在最近五年里才开始制定企业宗旨宣言的。宗旨宣言既面向内部员工（例如，我为什么要为了某一个目的而在这个组织工作），也面向外部受众（例如，客户和其他利益相关者为什么应该购买你的产品）。下面我们将重点分析四家企业：乔巴尼、世界银行、微软和强生。

1. 乔巴尼（Chobani）

为更多人提供更好的食物。

乔巴尼是美国的一家食品企业，2005年由移民到美国不过几年时间的哈姆迪·乌鲁卡亚创立。公司最初的产品是一款希腊酸奶，现在已经成为美国销量最大的酸奶。随着时间的推移，公司也不断推出其他产品，这家私营企业目前的销售额约为15亿美元。公司的员工参与度很高，有80%的员工认为这是一家好公司，值得为其工作，相比之下一般美国企业的这一比例只有59%。2016年，该企业宣布把10%的股权分给员工。乔巴尼坚定地承诺要雇佣外来移民和难民，这很大程度上是由于乌鲁卡亚本人的人生经历。但这一承诺是有代价的。在宣布雇佣难民的承诺后，企业甚至收到了死亡威胁并遭遇联合抵制。乔巴尼的2 000名员工中约有30%是合法安置的难民和移民。

在一次访谈中，乔巴尼的首席营销官彼得·麦吉尼斯一开场就谈到了乔巴尼的宗旨："为更多人提供更好的食物，是企业创立的初衷。提出这一宗旨的基础是，相信人们本来就具有好的品位，只是需要好的选择而已。美食是一种权利，而不是特权。"他进一步指出，乔巴尼"认为'美味、营养、天然、实惠'才是食品的未来"。

这条简明的宗旨宣言，符合优秀宗旨的所有四个标准。它关注社会，不只要让更多的人吃饱，而且要让他们吃上更好的食物。这句话触动人心，因为即使是在美国这样的富裕国家，也不是所有人每天都能摄入足够的基本营养。乔巴尼的员工中有大批外来移民，关于养家糊口他们有切身体会。因此，对他们而言，这是一个极具激励性的宗旨。最后，乔巴尼提供的是非常有营养的食物，因此食用乔巴尼酸奶与做健康公民之间就产生了直接的联系。

2. 世界银行（The World Bank）

弥合富国和穷国之间的经济鸿沟。

如其网站所述，世界银行是一个国际性的开发组织，拥有近200个成员国。它的作用是通过向贫困成员国政府提供贷款来减少贫困，改善经济，提高人民生活水平。世界银行成立于1944年，目的是帮助战后的欧洲和日本开展重建工作。"世界银行的项目对于帮助人们接受教育、过上健康的生活、找到工作以及作为积极的公民作出贡献至关重要。"

世行宣称的宗旨是"弥合穷国和富国之间的经济鸿沟"，其实现途径是将富国的资源转化为穷国的增长。它的全球宗旨是改善最贫困社会成员的生活。对于世界银行的员工来说，这一宗旨就是他们每天来上班的动力。

这个宗旨很能打动人心，因为其背后是帮助数百万公民改善生活的动人故事。最后，它把为发展项目提供资金与帮助被资助国更好地运转直接联系起来，而且最好是未来能实现自给自足。世界银行也服务于因冲突和战争而分裂的国家。它指出："脆弱性、冲突和暴力是严重的发展挑战，威胁着消除极端贫困的努力，影响着低收入和中等收入国家。到2030年，世界上三分之二的极端贫困人口都将生活在脆弱、冲突和暴力的环境中。"

3. 微软（Microsoft）

予力全球每一人、每一组织，成就不凡。

微软就不需要正式介绍了，大家都很熟悉它。虽然它的核心优势在于桌面软件，但该公司已积极进军云计算领域，减少了桌面软件和硬件的占比。自2014年萨提亚·纳德拉担任首席执行官以来，公司股价大幅上涨。截至目前，微软的年销售额为1 400亿美元，市值超过1万亿美元。

微软的转型始于纳德拉上任。近期的一篇文章这样描述它转型的开端：纳德拉和高管团队用5个月的时间，重新制定了企业的宗旨，仅用精炼的15个字："予力全球每一人、每一组织，成就不凡。"

微软首席营销官克里斯·卡波塞拉指出，重新制定企业宗旨的过程使企业和员工重新焕发活力，带来了一波新宗旨驱动下的创新和增长。一篇介绍微软转型之旅的文章写道："这次成功在一定程度上要归功于领导团队使大家产生了主人翁感，让公司上下都参与审视和考察新的宗旨，确保其使人感受到诚意。我们在微软内部开展了倾听之旅活动，把所有人，包括新员工、刚毕业的年轻人，也包括公司副总裁，都拉进一个团队，分组沟通，真正了解哪些话语能引起他们的共鸣，哪些不能。这样，公司的宗旨就不会仅仅是营销团队自己写出的一个口号，打在幻灯片上，印在海报上而已。"

接下来，微软通过持续传播将这条宗旨融入其文化。"我们在萨提亚的每一次演讲中反复提到这句话，公司上下都能听到人们在谈论它。我认为这不是一个星期就能做到的事，这需要很长时间，让每个字眼都深入人心。我很高兴我们花时间做到了。”

从评估的角度来看，考虑到微软在世界上的巨大影响力，“予力全球每一人、每一组织，成就不凡”这一宗旨对它来说是现实的。而对其他企业就可能是一个巨大的挑战。微软用户遍及全球，所以“予力全球每一人、每一组织，成就不凡”的理念可以传达给全世界的人。它足以触动人心，因为它希望每个人都能成就更多，享有繁荣富裕。很明显，这一宗旨激发了员工的活力，部分原因在于这一宗旨是由极具多样性的员工团队参与制定的。最后，在连点成线方面，这条宗旨或许还有改进空间：提供云服务究竟是怎样帮助个人和组织改进工作的?

4. 强生（Johnson & Johnson）

我们融合关爱、科学与智慧，为人类健康事业的发展带来意义深远的改变。

强生是世界上最具标志性的企业之一。它成立于1886年，开发药品、医疗器械和消费包装品。在世界500强2019年收入超过800亿美元的美国公司排行榜上，强生排名第35位。强生是一个高度去中心化的集团，拥有250多个子公司，产品销往60多个国家。强生广受尊敬，拥有良好的工作环境。

在前不久的一次采访中，强生公司首席执行官亚历克斯·戈尔斯基表示：“我们的宗旨只有一个：我们融合关爱、科学与智慧，为人类健康事业的发展带来意义深远的改变。”这不仅是一个企业宣言，更可以“定义和指导我们每一天的工作”。他进一步指出，为了实现这一宗旨，我们投入大量精力帮助员工寻找并努力追求属于自己的宗旨，并将其与公司的使命联系起来。强生认为，培育和制定一个意义深远的宗旨会让员工在个人层面和职业层面都更加投入。数据显示，专注于一个宗旨确实会在身体、心理和情感上都带来改善。

考虑到强生从事的是生命科学领域，它关注“为人类健康事业的发展带来意义深远的改变”，实际上也就是关注改善社会，这就不足为奇了。但有趣的是，强生还明确表示关注心灵和头脑，表达了要通过“融合关爱、科学与智慧”来实现其目标。在连点成线方面，强生的宗旨不止于“科学”或“思维方式”，而是必须通过智慧将其转化为有意义的创新。智慧在这里的定义是聪明、原创性和有创造力。

最后，值得注意的是，对于个人的发展，强生关注的是寻找个人的宗旨，然后将其与强生的宗旨统一起来。

评估你的宗旨宣言

现在来看看你自己的组织。很明显，上述这些企业都花了大量时间制定他们的宗旨宣言。这一过程当然有最高管理层的参与，但也征询了各级员工的意见。这在很大程度上是因为宗旨必须在全体员工中引起共鸣。员工必须能够在宗旨中“看到自己”，感到自己能够对宗旨的达成有所贡献。请记住，纳德拉为此花了四个月的时间，还有很多次演讲、会议和反复的修改——这是一项非常艰苦的工作。

评估企业宗旨的四个基本标准是：

（1）我们的宗旨如何帮助（全球或本地）社会更好地运作?

（2）我们的宗旨是否触动了员工的心灵和思想?

（3）我们的宗旨能否激励员工，让他们每天都乐于来上班?

（4）我们能否将我们每天所做的事情与我们的产品、服务联系起来，说明它们如何使社会更好地运转?

结　论

关于如何制定企业的使命和愿景宣言我们讲了很多，但我们也必须制定一个宗旨宣言来阐明我们的组织为什么而存在。宗旨能够最大限度地激发组织人力资源的生产力和工作动力。如果制定得当，它可以对优秀人才产生巨大的吸引力，也能带来财务上的重大影响。正如联合利华首席执行官所言，有宗旨的品牌才具有持久的财务影响力。

第四章

发展组织文化

CHAPTER FOUR

评估一个特定组织的文化有六个标准：不适合所有人但要对一部分人有吸引力；反映了企业相信自己会成功以及为什么会成功；与特定的行为和期望有关；使员工能够想象在组织中工作的样子；找到文化元素间的冲突点并加以识别；勇于对自己的决定下赌注。

引　言

什么是组织文化呢？组织文化是一群人共同认可的关于组织如何生存和发展的一套基本假设，它随着时间逐渐形成，被认为有效且足够重要，应该传授给组织的新成员，**作为他们认识、思考和感受组织如何才能成功的正确方法**。已有越来越多的企业开始将这种文化明确地阐述出来，形成文字，保留记录。这样一来，组织文化中的基本假设就成了公开的文件，供人们共享、探讨，并随着环境的变化对其进行修改。

为什么文化很重要？因为文化可以影响员工在组织内想问题和做事情的方方面面。更具体地说，文化会影响一个企业如何对优良业绩给予奖励，如何花钱，如何配置资源，培育什么样的资源，以及人们在企业中如何分配时间，等等。许多企业首席执行官都说过，文化是工作环境的最重要方面，也是他们花费大量时间的重点。

那么，问题在于，为什么一种强有力的企业文化很难发展、管理和迭代？第一，人们往往很难捕捉到一种文化中真正**与众不同的精神**，即人们在这个文化中的真正的驱动力是什么。第二，企业的文化宣言往往不够丰富和独特，无法对组织产生真正的意义。第三，文化很难转化为实际行动。基于以上三方面因素，识别组织当前的文化和推动变革催生新的文化都很困难。

与前几章类似，本章先讨论优秀组织文化的特征，提出一个强有力、健康、有生命力的文化应具备的六大特征。接下来，我们重点介绍六家具有强大文化的组织，分析每家企业的具体特性和文化宣言。企业文化是不能照搬的，因为每种文化都必须适合企业和行业的自身环境。发展企业文化并不断改进是困难重重的工作，本章结尾会讨论如何开启自己的企业文化之旅。

如何制定强有力的文化宣言

形成强有力的文化宣言需要花费大量时间和精力。当你思考自己的企业文化时，请考虑优秀文化的以下几个特征。具体来说，评估一个组织文化有六条标准：（1）它不是也不应该是适合所有人的；（2）它反映了企业认为自己怎样做能够取得成功，以及为什么；（3）与特定的行为和期望有关；（4）使员工能够想象受雇于这个组织会是什么样子；（5）找到文化元素间的冲突所在，明确认识和阐述；（6）勇于表明立场，不可含糊其词。

1. 不适合所有人——但要适合员工中的一个群体

我们采访过一家小型金融服务企业的首席执行官，发现他会面试每一位可能成为新员工的应聘者并告诉他们："这里要么是你工作过的最好的地方，要么就是最差的。"从某种意义上说，这就是一个非常有力且影响甚广的文化会带来的结果。这种文化会影响到公司内所做的每一件事，这其中的理念是，让每个人"自我选择"，有人渴望加入，而另一些人则会拒绝。

在设计企业文化的时候，需要仔细考虑我们到底想要吸引什么人，以及哪个人群是我们绝对不想要的。有些组织看重集体决策的共识性，每个重大决策都要征得所有人的同意。而其他一些组织，可能奉行少数服从多数的决策原则。例如，奈飞（Netflix）就是将决策权授予组织中尽可能低的层级，即使是非常重大的决策也是如此。决策模式有对错吗？没有。问题在于什么样的决策模式适合你希望培育的文化。

2. 反映企业认为自己怎样做能够成功，以及为什么

一些企业认为，速度和灵活性是在快速发展的行业中始终站稳脚跟的

必要条件。那么他们要发展的文化就是迅速响应市场变化的文化（如图形处理芯片行业）。其他企业可能认为，上规模是降成本的关键因素，那么他们的组织就会是庞大而不那么灵活的（如波音、空客）。图形处理芯片行业的企业希望培育注重速度的文化，而航空业则关注学习曲线、规模和长开发周期的新设计。但对这些企业来说，卓越的经营能力都是其企业文化的关键要素。

高管团队必须清楚说明使企业成功的具体选择是什么——包括市场、产品、服务和市场策略等。一旦这些都明确了，下一个问题就是，我们需要什么样的文化来推进这些战略性的选择？与许多书中的观点不同，我们认为应首先明确能够给你带来显著竞争优势的选择，然后才是发展企业文化。文化是用来支持战略的。

3. 与特定的行为和期望有关

很多高层次的文化宣言，如好奇、创新、团队为本、结果导向、顾客驱动等，若无法与具体行为挂钩，就毫无意义。以“顾客驱动”或“专注顾客”为例，很多全球领先的企业都在其文化宣言中使用了这样的措词，它到底是什么意思呢？我们之前的研究表明，顾客驱动型企业有三种具体行为：（1）生成关于市场和顾客的情报；（2）在企业内部共享这些信息，以便全体人员对市场和顾客形成一致的看法；（3）利用这些信息来设计产品、服务和解决方案。[1]了解了具体行为——即生成、共享和

---

1 Jaworski, Bernard J. and Ajay Kohli(2017), Conducting Field-Based, Discovery-Oriented Research: Lessons from Our Market Orientation Research Experience, *Academy of Marketing Review*. December; Kohli, Ajay, Bernard Jaworski, and Ajith Kumar(1993), “MARKOR: A Measure of Market Orientation,” *Journal of Marketing Research,* 30(November), 467–478; Jaworski, Bernard J. and Ajay K. Kohli(1993),“Market Orientation: Antecedents and Consequences,” *Journal of Marketing,* 57(July), 53–70; Kohli, Ajay K. and Bernard J. Jaworski(1990), “Market Orientation: The Construct, Research Propositions, and Managerial Implications,” *Journal of Marketing,* 54(April),1–18.

利用市场/顾客情报，我们就可以将期望的文化特征与可测量、可跟踪的具体行为联系起来了。

4. 使员工能够想象在这个组织中工作是什么样的

当一个人在实践中观察到一种强有力的文化，他就很容易想象出在这家企业工作会是怎样的。世界著名管理咨询公司贝恩（Bain）就是一个很好的例子。该公司经常在各类“最佳工作场所”排行中名列前茅。贝恩的文化是支持性的、学院式的。该公司的一位顾问说：“在这里，我们赖以生存的箴言是：一个贝恩人决不会让另一个贝恩人失败。实践中贝恩人也都践行了这一信条。如果一个贝恩人向另一个贝恩人寻求帮助，无论他是与你在同一间办公室里，还是远在地球另一边，得到的回应总是比你预期的更有帮助。我常常被贝恩同事们对工作和生活的热情深深触动。”

5. 认识并阐明不同文化元素间的冲突点

试想，如果一家企业有两个明确的文化元素，一个是顾客至上，一个是追求产生财务成果，那么它们之间可能发生冲突。顾客至上可能会在某些情况下导致行动不符合企业的最大财务收益。例如，我们遇到过的情况是：有些顾客要求我们做的咨询工作不属于我们的优势领域，因此我们认为自己不是顾客的最佳选择。如果我们切实奉行顾客至上，就应该把这项工作转介给另一家企业。如果我们以产生财务上的成果为优先，就会接下这项工作。

6. 勇于表明立场

强有力的企业文化一定要有非常具体的立场选择，一定要有所取舍。一些企业的文化注重安全、权威和秩序，另一些则崇尚乐趣、学习和改变。文化不分对错。每家企业都可以有，而且也确实有自己独特的文化，就像每个家庭各有各的文化一样。令一种文化强大的关键是，要让员工了解这种文化的具体意图和原则。明确这一点后，未来的人才就可以选择是加入奉行文化A的公司还是崇尚文化B的公司了。关键在于，**文化必须在特定的行业背景下为企业的战略提供支持**。英伟达（NVIDIA）作为一家表现优异的图形芯片企业，致力于营造一种让有才华的员工终身在这里发展的文化，为此，公司提供优厚的薪水、极好的福利、轻松的工作环境及灵活的休假制度。而与此形成鲜明对比的是，高盛奉行的是在高度紧张、一切以工作为中心的氛围中适者生存的文化，没有人会说在高盛过得轻松。但这两种文化对各自的企业都很合适。

强有力的文化宣言代表案例

建立强有力的企业文化异常困难，但以下五个案例说明，这还是有可能的，对各种各样的企业都有可能。有趣的是，以下每家公司都明确提出了自己的文化，并将其公之于众，定期讨论。而且，最出色的企业一定是明确地将行为与其文化宣言相联系的。他们切实践行自己的文化，而且根据是否能够践行这种文化对员工进行评估。

1. 奈飞（Netflix）

奈飞是一家总部位于美国的娱乐业内容与制作公司，为全世界大部分国家的观众提供电影、电视等流媒体内容。它最初是一家从事DVD零售发行的公司，后来经过了多次转型，从DVD到内容，再到在线流媒体服务，最终成为一家成熟的好莱坞式的制作公司，与各大电影制片厂、亚马逊或其他流媒体内容提供商都不相上下。2020年，其销售额约250亿美元，净收入27亿美元，为奈飞赢得如此成就的是其全球9 400名员工。

奈飞的文化是美国最著名的案例之一。2009年，公司首席执行官里德·黑斯廷斯在互联网上发布了一份125页的演示文稿，讲述其文化。但当时的首席人力资源官帕蒂·麦考德后来接受沃顿出版社采访时指出："这个可不是里德和我写的，而是当时高级管理层中所有人共同创作的一份文件。它是一份演示文稿，不是刻在公司大堂的口号，也没有以纸质形式发表。"图4.1是对这份文件的一个概述。

践行价值观	高绩效	自由与责任心
我们重视九大行为和技能：判断力、沟通力、影响力、好奇心、创新、勇气、热情、诚实、无私。	了不起的工作来自了不起的同事。我们像职业运动队而非家庭，不按工作时长或是否在办公室评价员工。	我们的模式旨在随着发展提高而不是限制员工的自由度，以便持续吸引和培养创新人才，力求持续成功。长期来看灵活比高效更重要。

熏陶而非控制	高度协同 松散耦合	市场最高薪酬	晋升与发展
最好的管理者会通过营造适当的环境来促成期望的成果，而不是试图控制员工。	团队合作的效果取决于高效的员工和良好的环境。目标是要大、快，且灵活。	一个杰出的员工比两个一般的员工创造更多而成本更低，所以我们力求只用杰出员工。	我们帮助员工成长的办法是为他们提供自我成长的机会，让他们身边都是了不起的同事，给他们极富挑战性的任务。职业"规划"不适合我们。

图4.1　奈飞的企业文化

2. 思科（Cisco）

思科是硅谷的一家科技公司，2019年销售额超过500亿美元，净收入116亿美元。其核心技术产品构成了互联网的基础，包括网络硬件和软件、电信设备和其他技术产品。思科经常被评为"最佳工作场所"，而且25年来一直是硅谷最亮眼的公司之一。

思科将自己的企业文化称为"自觉文化"。首席执行官查克·罗宾斯自2015年7月上任以来，一直以此作为其任期的基石。因此，思科的案例与奈飞一样，文化的培育是自上而下的。思科的文化有三个组成部分。一是环境，思科鼓励形成尊严、尊重、公平、平等的氛围，同时注重多样性和包容性；二是思科特色，即如何用其行为、信念和原则塑造公司文化；三是经验，也就是员工通过公司的管理、团队和工作得到的直接经验。

参考我们提出的六项标准可以看到，体现思科文化并不适合所有人的关键点是第二部分——思科特色。思科认为人才是其最重要的资源，所以提出自觉、有意识和尊重同事是成功的关键。至于具体行为，我们有理由认为其描述应该更详细一些。我们在网络上进行了搜索，但没有找到可以代表第二部分的思科特色元素清单。不过，有人说思科员工常提到的一个重要思科特色是友善和回馈——思科影响深远的种种企业社会责任工作就是很好的证明。我们可以想象在这家企业工作会是什么样，不过这需要在网站上查找信息并阅读更多关于思科的文章。此外，这个企业文化中看不出对文化元素间冲突点的明确认识和阐述。思科文化的三要素确实表明了其立场，但关键在于，这三个部分要相互协调。

3. 好市多（Costco）

好市多是一家总部位于美国的会员制连锁零售店，仓储式销售大包装消费品，也销售肉类、有机食品和酒类等。好市多在《财富》500强排行榜上排名第十，收入超过1 500亿美元，净收入36亿美元。

在公司首席执行官吉姆·辛内加尔看来，好市多成功的关键在于其文化能够增进员工的热情、诚信、主人翁精神和积极性，并保证顾客相信在好市多购物总是最实惠的。他说："人们愿意做一份工作的原因很多，不止于钱。总的来说，我们的组织中有一种骄傲和自豪……有一种态度是，人们感到有人在关心他们，因而感到安全。我们提供的不是工作，而是事业。"而且，好市多以人为本的文化鼓励员工在工作与生活之间取得平衡。好市多的组织文化要点如下：

关注员工满意度。

注重内部协作。

注重员工培训和成长。

保持较小的效率和绩效压力。

提供最佳的学习和成长环境。

注重顾客服务和顾客满意度。

用我们的六个标准衡量，好市多的企业文化在某几条标准上得分很高，但也仍有改进的空间。希望得到培训、成长和支持性环境的员工在好市多会表现很好。对比好市多与奈飞的文化，我们会发现两者大相径庭。奈飞强调每个人自行寻找职业发展路径，而反观好市多，其商业模式以顾客服务为基础，因此其文化关注的是让员工和顾客都保持高满意度。我们不知道好市多的文化是否有更详细的内容将这些要点与具体行为联系在一起，不过这种联系很容易实现。这个文化对具体行动有明确的立场和取舍，例如，学习和服务比工作效率重要。比较有意思的是，我们在这个文化的描述中看不到什么紧张的气氛，一切都似乎只是针对员工的个人发展和学习，以及顾客满意度。最后，人们通过这个文化宣言可以清楚看到在好市多工作的状态——以关爱、培育和发展为导向的文化。

4. In-N-Out汉堡（In-N-Out Burger）

In-N-Out汉堡是一家私营的区域型汉堡连锁店，主要集中在美国的加利福尼亚州和西部地区。因为它是私营公司，详细的财务状况很少公布，估算销售额应在10亿美元以上，年度单店销售额约450万美元，接近一般麦当劳单店销售额（约260万美元）的两倍。

In-N-Out汉堡将自己的文化描述为：

符合伦理的价值观加上尊重、专业和友好，持续培育真正面向家庭的氛围。用礼貌和友善为包括各部门员工和主管在内的所有伙伴建立以团队为导向的环境。我们为向门店提供的一切支持和通过门店为顾客提供的一切支持感到自豪，我们共同努力确保始终只为门店和顾客提供最新鲜、最高质量的食品和卓越的服务。

作为一家快餐连锁店，In-N-Out汉堡的员工薪酬标准一直高于最低工资，并且提供带薪休假、灵活排班、注重内部晋升等福利，使员工开心。所以在这里工作，一线员工不仅有高薪酬，还拥有晋升的机会。

这也是一个根据我们的六项标准可以打高分的企业。虽然有不错的薪水，但员工都要从底层做起，先在一线学习基本业务，这样的职业发展路径并不适合所有人。In-N-Out汉堡认为成功的关键是新鲜的食材和辛勤工作的员工，而这一切都是为了更好地为顾客服务。很容易想象如果在这样的餐厅工作会是什么样子——节奏快、辛苦忙碌，但有不错的薪水和职业发展。正如In-N-Out汉堡公司明确表示过的，这是一种“真正以家庭为导向的氛围”，这与奈飞的“职业运动队式”工作环境完全不同。

5. 普华永道（PWC）

普华永道是世界四大会计师事务所之一，收入超过420亿美元，也是美国第四大私人控股公司。其核心业务是审计、税务、法律和咨询服务。普华永道是一家全球性公司，在140多个国家设有办事处。这意味着为遍布全世界的28万多名员工建立统一的文化会是一个巨大挑战。相比之下，奈飞只有9 400多名员工。

普华永道的全球网站上写道：“我们通过价值观和行为定义我们对工作及顾客合作的期望。虽然我们来自不同的背景和文化，但这是我们的共通点。我们有共同的愿望，这指导我们如何做决定和对待他人。作为普华永道的专业人士，我们的行动与普华永道的价值观和行为保持一致。我们的价值观是具有整体性的——其中所有的价值观都对我们的成功至关重要。”

普华永道特别指出了其文化的五个要点：

诚信。直言不讳，迎难而上。

增值。充分了解，积极寻求改善之道。

关怀。关怀彼此，关怀顾客，关心每个人的潜力与成长。

合作。我们相信反馈、协作和多样视角让我们更强大。

创新。我们创新、测试、迭代、学习。

很明显，成功来自合作、服务创新以及对同事和顾客的关怀。所以服务导向无疑对普华永道的成功至关重要。当今审计界，诚信是必须坚持的基石，因此将其列为企业文化的第一要素一点也不令人意外。但“增值”出现在这里就有些意外，它通常体现在宗旨，而不是文化中，不过以此作为文化的一部分倒是很具创新精神。综上，我们不难想象参与普华永道的日常工作会是什么样的。

6. 慧与科技（Hewlett-Packard Enterprise）

惠普是一个标志性的企业和品牌，20年来不断面临各种挑战，但仍是硅谷最重要的企业之一。2015年，惠普分成了两家企业，核心部分惠普公司专注于打印机和相关产品业务，而慧与科技则专注于服务器、存储和网络产品。慧与科技收入超过260亿美元，员工人数59 000多人。

慧与科技的网站上写着：

是我们的文化定义了我们如何行事、如何对待他人，以及如何开展业务。我们的员工通过不断强化行动、心系创新、合作伙伴优先点燃了我们的文化。

公司还指出：

惠普的目标是创造让每个人、每个地方的生活都更美好的技术。凭借我们令人惊叹的工程经验，我们有着在每一个转折点都能提供丰富生活、改变世界的创新能力，以及不断推动科技发展前沿的传奇历史。同时，惠普相信，我们成功的最终驱动力一直并将永远来自员工的力量。

惠普认为，多元、包容的全球员工队伍是公司最大的优势之一，也是其在市场上真正与众不同的地方。

有意思的是，侧重行动和创新是惠普文化的核心。但在硅谷，带来成功的往往是推出创新产品的速度——要领先于竞争对手。另外我们注意到，慧与文化的核心要素是人。这些说法听起来很有道理，但我们对其原创性有些疑问。这些文化宣言期望带来哪些具体行为也不甚明了。换句话说，谁不想要“创新”和“伙伴优先”呢？从这些方面来看，慧与的文化宣言恐怕不如奈飞那样有助于战略抉择。

评估你的文化宣言

评估组织的文化不是一件容易的事。要记住，很多文化往往是说不清道不明的。因此，首先要把文化说明白，记录下来。一旦组织就6—8个最重要的文化要素达成共识，我们就可以转而思考下面这些关键问题了。要评估组织文化的力量就需要问如下六个问题：

（1）这种文化是否非常适合某一部分员工，而不适合其他员工？

（2）这种文化是否体现了组织关于怎样做方可成功及背后原因的看法？

（3）文化宣言是否与特定行为和期望相联系？

（4）人们能够根据文化宣言想象出在这个组织中工作的状态吗？

（5）是否认识到并阐明了文化元素间的冲突点？

（6）这种文化是否有明确的立场——选择推崇一部分行为而舍弃其他？

结 论

企业一旦设定（或重新设定）了使命、愿景和宗旨，下一个任务就是对其文化进行评估。其中的关键点在于，现有的文化是不是能够支持已设定的使命、愿景和宗旨的“**合适的文化**”。有些文化，如“In-and-Out汉堡”的文化，是家庭式的，提供高度支持性的环境。而另外一些，如奈飞的文化，则是职业运动队式的文化，与家庭式的截然不同。所以根本问题是:“这是在我们执行使命、愿景和宗旨时可以支持我们战略的合适的文化吗?”

第五章

制定组织价值观

CHAPTER FIVE

构建组织价值观，要把握六条原则：必须有意义；易于理解；将“必须拥有”的价值观和组织独有的价值观相结合；与每项工作的具体行为和期望挂钩；要有自己组织特定的价值观；可以独特地支持组织战略。

引 言

组织价值观是推动组织行为标准的核心原则和信念。更明确地讲，价值观是组织所有战略选择和企业运营的基础。**价值观框定了一个组织在理想状态下实现使命的边界条件**。例如，财捷集团，按照其首席执行官萨桑·古达齐的说法，“是一家宗旨驱动、价值观驱动的公司。使命是激励我们每天努力工作、为顾客创造奇迹的巨大动力。价值观是我们的指引，定义着公司为什么而存在”。有些价值观是“必须有”且永远不能背离的信念（例如正直），而另外一些则是针对具体企业而言的，像企业文化一样，只适合某一家企业的战略（例如沃科特[1]的“有趣”价值观、英特尔公司的“无畏”，或爱德华·琼斯公司[2]提倡的“伙伴关系”）。

别忘了，文化强调的是决定一个组织在**实际状态**下如何运作的那些**信念、做法、仪式或工作流程**，而价值观则是在**理想状态**下指引企业如何运作的**灯塔或指南针**。人力资源的每一个决策都应该由价值观推动，无论是人才的选聘、培训、员工发展、职业规划和薪酬。价值观的效力取决于员工对其的接受度，以及以强化该价值观的方式行事的意愿。例如，沃科特公司的价值观是“有趣”，它必须作为招聘标准之一以及入职程序的一部

1　沃科特（Workday）是用于财务、人力资源及规划的企业云应用程序的领先提供商。为全球大公司、教育机构和政府机构提供全套基于云计算（Cloud Computing）的人力资源管理软件服务公司（HR Management Software Services Company），也是最大的 SaaS（Software as a Service）公司之一。

2　爱德华·琼斯公司（Edward Jones）是美国金融服务行业中最大且最盈利的零售经纪商之一。因其为农村投资者提供谨慎的金融建议，而被《财富》杂志誉为“华尔街的沃尔玛”。爱德华·琼斯是德鲁克长期的咨询客户，也是美国“德鲁克型企业”的经典案例之一。

分。而英特尔公司的入职程序则包括了“建设性的对抗”培训，训练员工清晰、直接地沟通，不惧怕让对方感到不快。

德鲁克在多年前就说过，价值观之于组织就像维生素之于人体。它滋养着在一个组织中工作的每个人，提供的是类似儒家学说的一套指导日常行为的准则。尽管价值观至关重要，“但常常只是为了时髦而提出的，或者更糟，只是为了政治正确”。“顾客至上”“诚信为本”或“团队协作”往往只是泛泛之词，对员工没有真正的指导意义。毕竟，有谁会说我们把顾客放在末位呢？谁不希望团队能精诚合作呢？解决这一问题的关键在于确立严格的体系来评估各级的行为是否真正符合这些价值观。重要的是，仅仅陈述“我们的价值观是团队协作”没有什么用，必须用组织上下广泛的行动来支持、鼓励员工个人通过具体做法，实现特定形式的团队合作，并惩罚那些光说不练的人。

本章将首先阐明评估组织价值观的六项标准。各企业面临的挑战是要将必要的价值观（如诚信）与组织真正独有的价值观相结合。后者是关键，因为正是这些独特的价值观奠定了企业战略选择的基础。然后会选取六个具有明确、具体价值观宣言的组织，按照六项标准一一评估点评。最后给出用于评估自己组织价值观的几个问题。

如何制定清晰的价值观宣言

要列出数量有限的几条精准且能转化为行动的价值观，其实非常困难。前文已经指出，泛泛的价值观，例如勇气、想象力、创新等，看上去都很美好，但真正在组织的日常工作中践行就很难了。从一线员工到最高层管理人员，每个人都必须清楚自己的行为是否符合组织的价值观。以下是评估价值观宣言的六项标准。

1. 必须有意义

价值观必须触动员工内心。恰当清晰的价值观既要有认知的成分，也要有情感的部分。即使是常见的价值观，例如诚信，也可以用具体的故事赋予其生命力，例如，讲述员工在某些情况下艰难地作出符合诚信的抉择，不惜牺牲自己的事业发展。

安进公司是世界最大的生物技术公司之一，它的价值观是力争上游。对此的表述是："我们与时间拼搏、跟自己的历史业绩较劲、和行业对手竞争，这样做的目的只有一个，即快速获得高品质的成果。赢得竞争需要承担风险，我们告诫自己不能因为过去的辉煌而骄傲自满。尽管我们全力投入竞争，但我们同时遵循严格的道德标准，要求自身在与行业对手、消费者、合作伙伴的交往中严守诚信的规则。"力争上游的信念带来战胜对手的激情，而在制药行业，产品率先上市具有难以想象的重要性。对此，员工们在认知上能够理解，情感上也具有争胜的动力。

2. 易于理解

波士顿咨询集团是世界级的管理咨询公司，其关键的价值观是"拓展可能性的艺术"。这句宣言本身不太容易理解，具体描述是："我们的出发点是，我们的目标不仅仅在于应用最佳实践，还在于去发明最佳实践。每个顾客都是独一无二的，往往不止有一种解决方案。我们相信，突破性的想法往往来自团队积极寻求创造性方法解决顾客实际问题的过程。我们力图通过总结经验来拓展管理的艺术与管理的科学。"这就说得很清楚了——重点是发明新的实践，而不仅仅是反复使用已有的最佳实践。这如何创造价值呢？途径就是与顾客紧密合作，帮助他们解决最重要的挑战。

3. 必要的和独有的价值观相结合

很难找到一家公司，其价值观完全是独特、新颖的。通常都是一些

“基本配置”加上一些组织特有的价值。生命科学巨头辉瑞公司的价值观就是如此，其中的“基本配置”之一是“平等”。辉瑞是这样解释“平等”的：“我们相信每个人都值得被看见、听见和关怀。当我们包容、诚信、努力减少医疗不平等时，这些便得以实现。”事实上，大多数全球性公司的价值观中都会有多元、平等、包容等内容。而辉瑞还推崇“喜悦”的价值观，这颇不寻常。对此，辉瑞的描述是：“我们将自己献给工作，而工作也回报了我们。当我们感到自豪、相互认可和享受乐趣时，我们就收获了喜悦。”

4. 与每项工作的具体行为和期望挂钩

快时尚企业最重视的就是尽快将“爆款”投放市场。因此，它们选择“企业家精神”作为价值观也就不意外了。对此，它们的描述是：“一旦我们停止像企业家一样行事，我们就和普通的时尚企业没有区别了。我们的成功以创意、创新和即刻产生影响的快感为基础。因此，无论在哪个岗位，我们都要寻找机会，主动出击推动业务发展。”这就很好地将每个人的工作与企业的价值观挂上了钩——每个人都需要在自己的岗位上努力创新，主动推进业务发展。

据我们观察，常见的情况是，价值观无法渗透到组织中的每一个岗位，往往只能提供大致的方向，即表明理想的第一步该往哪里走。但是，如果不能让每个员工都可以准确说出自己怎样做能够支持企业价值观，那么组织就没有让其价值观充分发挥作用。

5. 要具体不要宽泛

企业的价值观宣言往往非常宽泛。正如《哈佛商业评论》刊登的一篇文章所指出的：“财富100强企业中，55%将诚信作为其核心价值观，49%重视顾客满意度，还有40%主张团队合作。这些固然都是好的特质，但很难给员工勾勒出应如何行事的清晰蓝图。千篇一律的价值观无法令一家企业脱颖而出，而只会让它默默无闻。”[1]

我们认为，诚信、顾客满意度和团队合作这样的宽泛的价值观都很重要，但必须具体化。以团队合作为例，团队合作有多种不同形式。对于一个赛艇队，每一次划桨都是团队合作，但若是一支篮球队，就既有个人表现也有团队合作了。同样，在一个组织中，团队可能需要达成共识，深度整合，但也可能只是松散地结合，将决策权分配给个人。

6. 为企业战略提供针对性支持

我们必须明确地将价值观与企业的战略挂钩。在州立农业保险公司（State Farm Insurance），大家共有的价值观是“优质的服务和关系、相互信任、正直和财务实力”。这很合适，因为他们的使命是“帮助人们管理日常生活中的风险，从意外情况中重新站起来并实现梦想”。基于此，州立农业保险公司的战略建立在顾问与顾客间良好人际关系的基础之上。对这家公司来说，每一种“关系”都很重要，因为他们的市场定位是“永远陪在你身边的好邻居”。

清晰的价值观宣言代表案例

制定具体、有意义的、行为驱动的价值观宣言需要花费很多时间。理想的情况是，看到一段价值观宣言就知道这是一家什么样的公司，属于哪个行业。赛富时（Saleforce）公司的价值观宣言是“行业内最受信赖的基

1 Patrick M. Lencioni, “Make Your Values Mean Something”, *Harvard Business Review Magazine*, July 2002, https：//hbr.org/2002/07/make-your-values-mean-something.

础设施”，这表明赛富时是一个技术平台。而巴塔哥尼亚（Patagonia）看重的是生产最好的服装，但同时也要拯救地球，这就引出了他们“可持续创新”的价值观。价值观的重要性决定了它必须是自上而下推动的。同时，员工也应积极参与组织价值观的建设。毕竟，每天生活在这种价值观当中、推动践行这些价值观的是员工。

1. 赛富时（Salesforce）

赛富时是一家总部在美国的顾客关系管理软件及服务供应商，2020年的收入为170亿美元。这是一家全球性的公司，拥有56 600名员工，在21个国家设有68个办事处。赛富时一直被认定为最佳工作场所之一，2021年在《财富》杂志“最佳工作场所”排行榜中位列第二。赛富时认为，其成功很大程度上来源于他们的Ohana文化。Ohana是夏威夷语，意为“特意建立起来的家庭”。进一步来说，这种Ohana精神以四个核心价值观为指导，是公司决策和行为的基础。以下是他们对四个价值观的描述：

信任——我们要成为值得信任的顾问。

我们凭借透明、安全、合规、私密性和高绩效赢得顾客、员工和企业大家庭的信任。我们提供业界最受人信赖的基础设施。

成功——顾客的成功就是我们的成功。

我们支持顾客取得非凡的成就。我们创新并扩展我们的业务，力图为所有利益相关者带来通向更大成功的新途径。

平等——每个人都应该平等地获得机会。

我们相信，每个人都应该被看到、被听到、被重视、被赋能，从而取得成功。倾听不同的观点能够助力创新，加深人与人之间的联系，使我们成为更好的公司。

创新——我们一起创新。

顾客的意见帮助我们开发最能满足其业务需求的产品。持续发布新技术新举措能为我们的顾客带来竞争优势。

参照我们提出的六条标准，赛富时的价值观很容易理解。我们的批评意见是，虽然这些价值观提及了其所在的行业，例如说到了要做最受信赖的基础设施供应商，但它其实适用于硅谷的任何一家科技公司。因此，我们认为这一价值观的企业针对性不够。当然，我们也看到，这组价值观能够与具体行为挂钩，例如，通过听取顾客意见推动创新，每个人都应该被听到、被重视等。最后，这一价值观与企业战略直接关联，例如，其中提到持续发布新技术和新举措能够为顾客带来竞争优势。但总的来说，按照我们的标准，此价值观仍有改进的余地。

2. 爱德华·琼斯（Edward Jones）

爱德华·琼斯是一家总部位于美国的金融服务公司，拥有15 000多家分支机构，旗下的财务顾问面向个人长期投资者提供顾问服务。这是一个私营合伙人制企业，对顾客及其服务的社区的忠诚度很高。它管理着超过1万亿美元的金融资产，投资选择偏保守（例如共同基金），不倾向投机性投资（例如股票当日交易）。其战略定位是面向个人而非机构投资者，并主要通过面对面的会谈与顾客沟通。这是其与富达（Fidelity）或嘉信理财（Charles Schwab）的不同之处。其技术平台不是由顾客自主管理，所有交易都通过财务顾问完成。

基于这一战略，爱德华·琼斯遵循四个核心价值观：

顾客利益至上。

我们践行质量优先、长期投资的理念。

我们重视合作。

我们重视并尊重个人及其贡献。

这些价值观既有意义又易于理解。顾客至上和重视个人的贡献是基础，都是“基本配置”类的价值观，长期投资的战略和对合作关系的重视是爱德华·琼斯在美国金融市场独有的价值观。顾客利益至上、长期投资和伙伴关系这三项都可以支持其战略——“关注并致力于帮助那些坚持终生保障型的、非常保守的投资策略的个人或家庭投资者”。有趣的是，当企业在某些具体情况下能够坚持作出符合其价值观的决策，其价值观的意义就彰显出来了。例如，对爱德华·琼斯而言，公司是否时刻把顾客利益，而不是公司利益或财务顾问的利益放在第一位，是对“顾客利益至上”这条价值观的真正考验。

3. 沃科特（Workday）

沃科特是一家专注财务管理和人力资源的软件平台企业，2020年的收入为36亿美元，同比增长28%。公司常年跻身最佳工作场所排行榜，2020年在《财富》杂志的最佳工作场所榜单中位列第五。他们的企业价值观是：“我们的核心价值观是我们的指导框架，帮助我们享受工作时间并指导我们的日常决策。这听起来很简单，但很多时候，企业会陷入钩心斗角、象牙塔思维，或是对市场的狂热追逐，完全忘了把注意力集中在可以令他们取得成功的事情上。”沃科特的核心价值观宣言有六条：

员工

人是我们业务的根本核心。没有人就没有公司。我们雇佣最好的员工，期待他们取得伟大的成就。

顾客服务

我们的每一项投资和每一个决策都会考虑到顾客，我们全力以赴，以顾客的满意为最高指引。

创新

我们的目标不仅是在组织发展中创新，而且要在业务的各个方面追求创新。

诚信

我们言出必行，信守承诺，公平对待每一个人，公开、坦诚地沟通。

有趣

我们觉得有幽默感也很重要。我们喜欢笑，笑使我们的工作更加愉快。我们还会投入资金举办社区和企业活动，帮助员工及其家人在工作之外也可以感受到与企业的联系。

盈利

长期的经济成功帮助我们为员工和顾客提供最好的生产力工具、解决方案和服务。盈利固然重要，但它并不是我们存在的目的。沃科特的存在是为了制造和提供好的产品和服务。

这些阐释都有意义且易于理解。这段宣言写得清晰、简洁，语言平实。其中既包括“必要”内容（如盈利、诚信），也包括企业特有的内容（如有趣）。对价值观本身的表述很笼统（如创新），需要之后的一句话来明确这些价值观对沃科特的具体含义（如“这不仅仅是关乎产品，而是关乎业务的方方面面”）。这可以帮助人们将个人工作中的特定行为与价值观挂钩。我们认为，这组价值观若能更加直接地与公司战略挂钩，会更好一些。员工开心和顾客满意度对沃科特的成功确实重要，但对几乎所有的企业都是如此。

4. 英特尔（Intel）

英特尔是硅谷的标志性公司之一。由戈登·摩尔和罗伯特·诺伊丝于1968年创立。其核心产品是半导体，它是世界上最大的半导体公司，2020年收入为779亿美元。凭借这样的高额收入，英特尔目前在财富500强榜单上排名第45位。公司生产的各种微芯片中，最著名的产品线是X86处理器，大多数台式机和笔记本电脑都在使用。英特尔在全球拥有超过11万名员工。关于价值观他们是这样写的：“我们的价值观指导着我们如何决策、对待彼此，并为顾客服务。它们指导着我们如何实现自身目标：创造改变世界的技术，提升所有人的生活品质。它们不仅是文字，更是将我们团结在一起的共同纽带。”英特尔有六大核心价值观：

无所畏惧

我们大胆创新。我们勇于冒险和快速接受失败并善于吸取教训，从而在下次做得更好、更快和更明智。

包容

我们努力建立归属感文化。我们打造一个让每个人都能充分发挥潜能并创造最佳成果的空间。我们欢迎差异，并知道差异会让我们变得更好。

顾客至上

我们倾听、了解、预测顾客的需求，帮助他们实现梦想。顾客的成功就是我们的成功。

团结一致

我们彼此欣赏、尊重和信任。我们致力于团队而非个人的成功。团结让我们更加强大。我们心系创新，为每天的工作带来乐趣。

坦诚透明

我们致力于公开、诚实、合乎道德、及时地提供信息和反馈。我们本着实现最佳成果的精神积极进取。我们行事坚持以诚信为本。

质量

我们提供优质服务并确保工作场所的安全。我们拥有完善的规程，以提供始终值得顾客及合作伙伴信赖的产品和服务。

这组价值观有意义、易于理解，而且可以转化为行动。其中有必备项（如诚信），也有英特尔所特有的（如无所畏惧），比较容易与具体行为和组织中的每个岗位联系起来。一些选项对其他组织也适用；“无所畏惧”是比较特别的一条，但它不是一个典型的组织价值观。英特尔价值观的另一个关键方面是，为了找到最佳解决方案可以有“建设性对抗”，要做到这一点通常需要直接坦率的对话，而这在大多数企业中并不常见。最后，虽然这些价值观的某些方面与战略存在关联，但仍有改进的余地。

5. 巴塔哥尼亚（Patagonia）

巴塔哥尼亚公司总部位于加利福尼亚州，作为一个宗旨驱动型组织而闻名。它是户外服装设计和生产企业，主要关注攀岩、冲浪、滑冰、滑雪、飞钓等“无声”运动。巴塔哥尼亚认为，他们从事的是拯救地球的工作。公司利用自有资源和影响力推动应对气候变化，由此可以看出，他们采取的是活动家的立场。这是一家私营企业，估算收入为6亿美元，员工人数不到1 500人。基于这样的战略方向，巴塔哥尼亚有四个核心价值观：

做最佳的产品

我们判断最佳产品的标准包括三方面：功能、可修补性，另外最重要的是耐用性。降低生态影响的最直接方法之一就是选择能用好几十年的产品，或者是使用可回收产品，使材料能够循环使用。制造最佳的产品对于拯救地球至关重要。

不造成不必要的伤害

我们知道，我们的商业活动从店铺照明到衬衫染色都是环境问题的组成部分。所以我们不断努力稳步改变我们的商业实践并分享我们的所学。但我们也认识到，这是不够的。我们不仅要减少伤害，还要带来更多益处。

用商业保护自然

我们的社会所面临的挑战需要领导力来应对。一旦发现问题，就要采取行动。我们直面风险，采取行动来保护并恢复生命之网的稳定、完整和美丽。

不受常规约束

我们的成功，以及大部分的乐趣，都来源于发展做事的新方式。

巴塔哥尼亚的价值观有意义，与大多数公司都不同，而且易于理解。“做最好的产品”属于价值观中的“基础配置”，其他三点则与众不同且可以支持企业的战略。所有价值观都与该公司的宗旨——拯救地球紧密相连。

这些价值观非常具体，没有其他组织中常见的泛泛的价值观。我们认为，这是价值观宣言的最佳案例。

6. 甲骨文公司（Oracle）

甲骨文是一家专注于数据库解决方案和企业级软件的公司，2020年的销售额超过390亿美元，是全球最大的科技公司之一。目前，公司在《财富》500强企业排行榜上排名第82位，其竞争对手包括微软、IBM、亚马逊网络服务、思爱普等科技领军企业。甲骨文的价值观有十项之多，是最长的价值观之一。

诚信

我们诚实并作出负责任的决定。我们为正确的事情大声疾呼。

顾客满意度

顾客是我们的重中之重。我们尽一切努力了解他们的需要。

相互尊重

我们尊重彼此，用有尊严的方式相互对待。我们重视每个人的独特贡献。

质量

我们追求卓越。我们坚持以最高标准要求自己，不断寻求进步。

团队合作

我们齐心协力把事情做到最好。我们彼此合作、分享想法，给予建设性的反馈。

公平

我们公平对待每一位工作伙伴。我们尽一切努力确保决策没有偏见。

沟通

我们以有效方式彼此分享知识。我们尊重某些信息的保密需要。

合规

我们遵守有关甲骨文的业务和员工行为的所有法律、法规和政策。

创新

我们欢迎新的想法，敢于尝试新事物。解决问题靠的是创造性和技术专长的协同。

伦理

我们坚持最高的道德标准，时刻遵从道德伦理行事。

这些价值观易于理解，便于操作，且涵盖广泛的主题。我们的意见是，它们几乎适用于任何企业。它们本质上都是宽泛的，而且似乎很重视伦理、合规等方面。当然，我们很容易将这些价值观与工作中具体的期望联系起来，但由于过于笼统，很难看出它们如何针对甲骨文公司的商业战略而提供支持。

评估你的价值观宣言

与前几章类似，我们提供了一份简短的问题清单，指导你制定或修改你的组织的价值观宣言。

需要考虑的基本问题是：

（1）你的价值观宣言有意义吗？或者说，它能否在员工中引发认知和情感两方面的反应？

（2）它容易理解和掌握吗？

（3）每个员工是否都能将价值观宣言与其在组织内的具体活动和岗位联系起来？

（4）是否结合了“必须有的”和“本组织所特有的”这两类价值观？分别有哪些？

（5）你的价值观宣言是否具体明确？如否，它是否配有进一步的描述来帮助员工看到此价值观如何在组织内发挥作用？

（6）价值观宣言与组织的战略之间是否有联系？哪些价值观对你的组织战略有特别的推动作用？

结 论

价值观或许是“设定企业方向”的几章中最为抽象的内容。要记住价值观代表的是所有员工在理想状态下的“完美行为”。不过仅此一点并不能成为必须要有价值观的理由，价值观必须是企业战略的基石。制定得当的价值观会与企业战略紧密相连，并为其提供支持。

第六章

从理论到实践——一个来自中国的企业案例

CHAPTER SIX

本章以宗旨、使命、愿景以及文化和价值观作为基础理论框架，融合德鲁克和儒家基础理论思想，深入分析和解读了一个中国企业成功再定义企业方向的代表性案例——交控科技股份有限公司。

真实案例带来的启发

前五章已经介绍了设定企业方向的五个重要选择，本章将用一个真实案例来说明这五个方面在企业方向的设定上如何协同发挥作用：宗旨、愿景、使命用于确定企业发展方向，文化和价值观则为企业既定的发展方向提供支持。尽管这些概念似乎很容易理解，但是要有效实践，需要不断地强化和鼓励员工的一些具体行为和思维方式的转变。德鲁克曾给他的日本友人中内功（日本最大连锁零售店大荣的创始人）写信说："当大多数组织还在采用传统的日本式管理时，只有极少数有远见的组织采用了国际标准，关注质量和组织文化。尽管一开始人们感到难以理解，但很快，其他组织就会开始追随他们。这告诉我们，要找到方向和新路径，只需要几个先进且富有远见的组织作为典范，将例外转化为一般规则即可。"[1]

因此，本章将以宗旨、使命和愿景，以及文化和价值观作为理论框架，结合德鲁克和儒家的基本思想，探讨中国企业交控科技股份有限公司（交控科技）的转型实践。我们希望交控科技的经验可以为你的企业实践"极星理论"提供有用的参考，从而也可以将你的组织引向德鲁克所描述的"新路径"。我们认为交控科技就是一个受益于"极星理论"的"先进且富有远见的典范"。我们希望这个案例能让更多人受益，感受到德鲁克讲的典范的力量——"将例外转化为一般规则"。

1 Drucker, Nakauchi Isao. *Drucker on Asia*. Routledge, 2012, 115.

交控科技——富有远见的中国新星企业的“极星之旅”

早些时候，我们对中国不同行业的150多位管理专业人士做过一次调查，结果显示有超过一半的受访者认为组织最大的管理难题是缺乏方向。因此，交控科技向我们表示非常希望调整、明确其战略方向时，我们并不意外。我们给出的建议是，根据“极星理论”调整交控科技当时的使命、愿景、宗旨，并对企业价值观和文化进行升级。

交控科技是城市轨道交通信号行业的领军企业，成立于2009年，10年间收入大幅增长。2019年，交控科技作为最具代表性的25家优秀高科技企业之一，在科创板首批上市。当然，如果与美国那些超大规模的财富500强企业或欧洲历史悠久的老牌知名企业相比，交控科技规模小、历史短。但这家企业在迅速扩张的过程中所面临的管理挑战与世界各地同类企业的状况很相似。

交控科技这个案例的特别之处在于，它既具有代表性又有独特性。首先，交控科技在文化上代表了中国大多数在本土成长起来的企业。公司总部设在北京，在中国成立并发展壮大，其核心产品也是专注国内市场。交控科技的员工超过99%都是中国人。因此，从高管到一线员工，几乎每个人都因家庭和社会两方面的影响而接纳了一些儒家的价值观，从而塑造了交控科技的既有文化。

同时，交控科技作为公认的中国自主创新的先驱，具备最前沿的产品，足以与全球最大的行业巨头一较高下。因此，交控科技又推崇硅谷式的文化——非常注重研发和创新技术解决方案。此外，交控科技采用现代管理体系管理日常经营。这样一来，交控科技的文化既受到西方管理的影响，也受到儒家文化的影响，是以中国式的思维驾驭现代管理哲学的例子。

交控科技之所以如此独特，是因为其创始人郜春海。郜春海本是大学教授，后来才从商，公司的核心研发团队成员都来自他在大学任教时负责的实验室。与大学的密切联系和师生式的关系塑造了交控科技独特的导师制文化，它结合了古代儒家的学习方法和德鲁克“贡献驱动”的概念。理论上，导师制文化不是一个新概念，但在中国的企业中绝对不常见。

交控科技在快速发展的同时也认识到了自己的短板。具体来说是：（1）管理层对使命、愿景和价值观的理解问题；（2）创新主要集中在特定产品方面，而非贯穿公司业务整体；（3）人才管理体系不完善，尤其是在企业的中层；（4）缺乏注重计划的文化。从我们做研究的角度来看，这些问题在中国企业中并不少见，许多中国企业虽然在财务上很成功，但这些问题确实是他们共同的“卡脖子”问题。这些企业往往不具备长期的战略方向，无法保持可持续性。

工作流程一：诊断——明确
“我们在哪里”和“我们要去哪里”的有力手段

如何准确地指明一个组织的当前状态和期望的最终状态？虽然许多高层管理人员坚信他们最了解自己的组织，但常见的情况是，基层管理人员常常对上级报喜不报忧，导致高层管理人员难以看清市场现实。我们的经验表明，依靠高级管理人员了解情况是很困难的。相比之下，外部视角对组织和市场的观察往往是特别的、客观的。虽然由独立机构开展这种研究需要时间、精力和资源，但我们从全球其他组织获得的经验都表明，这是一项必要的投资。

我们的研究方法

经过几轮深入的对话，我们了解了交控科技的首席执行官议程[1]，按照

1 “首席执行官议程”是首席执行官认为企业在未来5—6年内最重要的4—5项计划的简短列表。这些可能是狭义的，比如推动关键领域的产品创新；也可能是更广泛的，比如建立一个更重视以客户为中心的企业。

彼得·德鲁克的管理理念设计了一个诊断性的工作流程。诊断期的工作持续了一个多月，分为两个阶段。其间，我们用结构化访谈、文献研究和问卷调查这几种方法收集数据。做诊断的首要目标是了解交控科技当时的基本情况，包括所处行业的关键趋势、竞争态势、不断变化的目标顾客需求，以及企业当时已经具备的能力。也就是德鲁克所说的"事业理论"。其次，由于交控科技已有的企业文化手册是十多年前发布的，我们需要了解组织内部当时对这种企业文化的理解，对当时的使命、愿景、宗旨的看法，以及各级员工对"我们要到哪里去"这个问题的思考与回答。

这个诊断期为何重要？因为诊断的结果是未来工作的基础和背景。很多时候，企业高管都能列出一长串的痛点和优先事项，却想不清楚哪些才是真正"重要且紧急"的任务。这会导致一种危险状况——企业会将仅有的一点资源分散到过多的计划和活动中去，因此，高管们需要独立的外部机构展开结构化的诊断和分析，为他们提供帮助和建议。

通过这一轮研究，我们深入了解了这家企业的"事业理论"，而这帮助我们更好地理清了什么样的使命、愿景和宗旨适合这家企业，什么样的企业文化更能帮助交控科技稳步迈向未来。而且，诊断结果也帮助我们确定了工作坊的学习体验应如何设计。在这个阶段的最初，我们通过电子邮件对15名核心高管进行了访谈，包括企业最高领导层及下一代领导层。

尽管交控科技对自身所处行业有非常深入的了解，关于市场和顾客也有很多资料，我们还是进行了独立的案头研究。除了在访谈中获得信息之外，我们还收集了其他资料，以便对全球轨道交通行业及其竞争态势形成一次独立的评估。我们考虑到了交控科技作为B2B企业的特征。例如，对于其价值主张，我们从直接顾客的需求及最终消费者的使用情况两个角度进行了分析。此外，我们还通过案头研究汇总了交控科技全球竞争对手（如西门子和阿尔斯通）的最佳实践。这帮助我们了解和评估轨道交通行业整体对宗旨、使命、愿景、文化和价值观五大要素的运用情况。当然，我们也收集了其他行业的企业在这方面的典型案例，希望给交控科技提供更开阔的思路。

此外，尝试在中国建立德鲁克式的组织使我们认识到，儒家思想对帮助德鲁克的理论框架在跨文化的环境中实现良好运作，具有非常重要的作用。于是，我们又进行了20次结构化访谈，做了100多份问卷调查。我们要求交控科技根据德鲁克原则和儒家原则中的行为锚[1]为公司打分，相关原则会在本书的第二部分详细讨论。受访者在性别、年龄、教育水平、职能、角色、级别、部门和地域等方面都具有多样性。这样我们就收集到了各个层级、所有职位的行为情况。最后，根据交控科技在德鲁克原则和儒家原则上的得分，我们又进行了一次评估，这一阶段的目标是了解德鲁克思想和儒家思想如何更好地帮助交控科技这样的处于儒家文化环境中的中国组织。

我们面临的挑战是既要收集较为科学严谨的高质量数据，又要保持务实。我们很清楚，交控科技的每位员工都有一系列自己的任务要完成，并不是所有人都能理解参与这项研究能给他们带来什么好处。甚至有些担任核心管理职务的重要管理人员连德鲁克所说的“管理是一种人文艺术”是什么意思都不明白。不过，根据我们的经验，这种收集数据方面的困难在世界各地的组织中几乎都存在。

但是对于我们的工作，交控科技的管理人员都非常配合，认为我们的研究很有用，他们感谢访谈对话给了他们有效发声的机会，可以解答他们的疑问，还可以帮助他们理清思路，所以他们非常积极。一对一访谈的设计时长是一小时，但有的受访者跟我们谈了四个多小时，而且这不是个例。交控科技的创始人郜春海是这次研究的大力推动者，尽管日程很紧，他仍

---

1 行为锚定法，是根据关键事件法中记录的关键行为设计考核的量表。行为锚定法实际上是量表法与关键事件法的结合，它将行为描述等级性量化，每一水平的行为均用某一标准行为加以界定，从而将定性的描述性关键事件法和量化的等级评价法的优点结合起来。

拿出了两个半小时的时间与我们进行了一次高质量的访谈。当然，我们也遇到过不太积极的受访者。一般来说，诊断阶段通常可将20—60—20法则[1]作为基本预期，遇到一定的内部阻力很正常，不同的人对这种研究和实践的兴趣和积极性肯定不同。需要记住的是前几章反复强调的内容：制定使命、愿景和宗旨不是简单的任务，需要投入时间，需要高度重视。这件事必须由组织的最高层向下推动，各级员工积极建言。在转型过程中，最高领导层有力的持续支持是必不可少的。

基于洞察开展工作坊

与团队进行了一个多月的密集沟通后，我们收集了丰富的资料，包括100多页答卷和访谈文字稿。然后，我们利用几种现代框架对资料展开了分析。结论分为五大主题——变化中的行业结构、价值观和企业文化、战略和竞争优势、顾客洞察和领导力。我们就每一个主题明确解释了相关概念和所使用的框架，为交控科技提供了我们的建议和解决方案。建议非常实际，可以直接使用，更重要的是符合交控科技的具体情况。同时也有一些比较出挑的建议，希望帮助交控科技开阔视野，是我们基于与国际企业合作的经验，从独立的学术角度提出的。在这五个主题中，有两个是比较突出的，大家一致认为是交控科技目前“最重要且紧急”的问题。

主题一：价值观与企业文化

我们在文化和价值观这部分的一些发现对交控科技很有意义，概述重点如下：

（1）大家最看重的五点价值观是有共识的，但对企业目前文化的描述差异较大。这说明公司的价值观是比较明确的，也获得了较好的理解，而企业文化要差一些。

1　20—60—20 法则是帕累托法则的分支，在领导力上具有广泛的应用。这个规则意味着大约 20% 的正向积极，大约 60% 的中间及可行派，大约 20% 的负面。

（2）人们所表述的价值观和感知到的文化之间有一致也有不一致。这表明企业的文化和价值观没有充分贯通，需要了解差异在哪里并将两者统一起来。

（3）有些管理人员不理解“价值观和文化既不同又相互联系”这一要点，需要对“我们现在在哪里”和“我们希望到哪里”做更清晰的表述。

我们分析的第一步是整理和筛选交控科技希望采用的价值观。这看似简单，却需要深入了解人们提出的每一种价值观，以及背后的想法和信念。为了更好地阐述这个过程，我们在此列出问过交控科技的一些具体问题，也许对你的企业也有用：

（1）价值观中的“贡献”和“团队导向”是什么关系？是相互独立，还是可以整合？

（2）关于“技术领先”和“自主创新”这两个价值观，自主创新是在中国出现的一个特有名词，在这里人们真正看重的是什么？从全球视角应如何理解自主创新？这两种价值观之间有因果关系吗？也就是说，我们是否指重视通过自主创新得到的领先技术？还是只要成为技术领先者，无论通过何种途径都可以？还是说我们只看重自主创新的精神而不在意成果？

（3）每个组织都希望有协作和创新，在儒家文化的环境中，协作与创新之间有什么特定的关联吗？我们在之前的研究中发现：对中国的组织而言，创新和儒家思想中的“信”有明显关联，而“信”又与协作紧密相关。那么，这个发现是否表明交控科技应该倡导基于协作的创新呢？还是硅谷式的个人创新？

除了梳理企业提出的各项价值观，我们也提供了其他选项供考虑，而且提出了我们的疑问——我们的研究结论背后隐藏着什么信息？例如，“价值观在交控科技没有得到广泛认可”这一结论是由于变化快且分配用于宣传价值观的资源有限。此外，交控科技现有的企业文化手册篇幅很长，我们要求团队用尽可能简短的文字来定义和传达公司的价值观。这看起来只是简单的文字工作，但在这种微调的背后，其本质是利用这些价值观将管理团队团结起来，通过辩论、讨论来达成一致、统一认识。

至于我们建议交控科技考虑的几条价值观，那是充分考虑了公司独特的人员结构之后提出的。例如，我们建议在期望的价值观中更加强调包容性和开放性，这是因为交控科技现有的导师制文化虽然对培养学员很有效，但常会导致封闭性的小团队，大家会刻意区分“我的人”和“别人”。另外，由于交控科技的员工以20多岁的年轻男性工程师为主，与中国其他的许多高科技企业或移动应用企业类似，强调包容性和开放性有助于打破团队之间的壁垒，而不是加剧分裂。

待公司清楚理解了他们答卷背后的逻辑，我们又针对这个主题提供了四点实用建议，包括为每条价值观定义具体的行为锚。本书反复强调“行为”这一概念，因为行为驱动是成功执行的关键。行为的转变比思维方式的改变更明显、更容易衡量，但如何将具体行为和概念性的价值观相联系又是一项极具挑战性的任务。

在沟通完我们的研究结论后，我们感到急需设计一个工作流程，帮助企业解决问题，将期望的价值观和文化深度植入到组织中去。

主题二：战略

尽管战略的重要性对当今大多数组织来说已经是老生常谈，但少有管理者意识到，战略的本质是“一套集成的选择”，也就是说我们要做“一连串的选择题”。这意味着，高管最重要的任务就是集中精力做好几个战略选择。

做不好这几个战略选择的组织要面临的一个关键威胁就是，企业资源过度摊薄。也就是说，组织的“愿望清单”上事项太多。我们意识到，这不仅是交控科技的问题，也是中国许多组织目前共有的问题。我们对“多元化”重视和推崇也许有些过度了。例如孔子所讲的“修身”就特别强调节制贪欲，德鲁克等现代管理大师也主张将力量集中在优势上，学会放弃。我们希望帮助交控科技做好战略选择，为此，就如何制定和测试好的战略，公司应该专注于哪些方面，如何强化核心能力等问题，我们为交控科技提供了量身定制的答案。

工作流程设计：解决最“重要且紧急”的问题

基于我们的研究结果和交控科技感兴趣的问题，双方一致认为应该将工作重点放在“重要且紧急”问题的“关键驱动因素”上。鉴于此，我们为交控科技设计了两个工作流程，一是修改宗旨、使命、愿景（PMV），二是升级文化和核心价值观（CV）来支持前三项，从而为企业定下方向。这就是“为企业指明方向的极星理论”中的两个关键步骤。宗旨、使命和愿景就是指明方向的北极星，是解决战略问题的第一步；文化和价值观需要与确定的方向保持一致并为战略方向提供支持，所以是第二步。

许多组织都不明白自己的培训项目为何效果不佳。如果你想践行这套“极星理论”，我们接下来会分享一些用来确保交控科技的工作坊有效的小技巧。（1）要引导团队在实践中逐步加深理解，先解释概念，再不断修改，最终形成良好的沟通方案。（2）工作坊所用讲义必须是互动性的，而且要专门针对本组织。（3）要对工作团队提供指导，帮助他们完成自己设计的过程，感受到文化的转变。

当然，除了将这两个“重要且紧急”的工作流程作为第一阶段重点之外，我们还设计了第二阶段的几个工作流程，涵盖领导力等其他重要的战略问题，包括领导技能与组织中级别的匹配，以及领导力发展与组织战略方向的匹配等。我们强调领导力，是因为领导团队的能力对持续推动变革至关重要。这个阶段的主要工具是GE九宫格（见图6.1员工评价九宫格），这个九宫格可以帮助全球领导者打造和评价高绩效团队。图中横轴表示“年度表现”的三个等级（高、中、低），纵轴表示“价值观践行”的三个

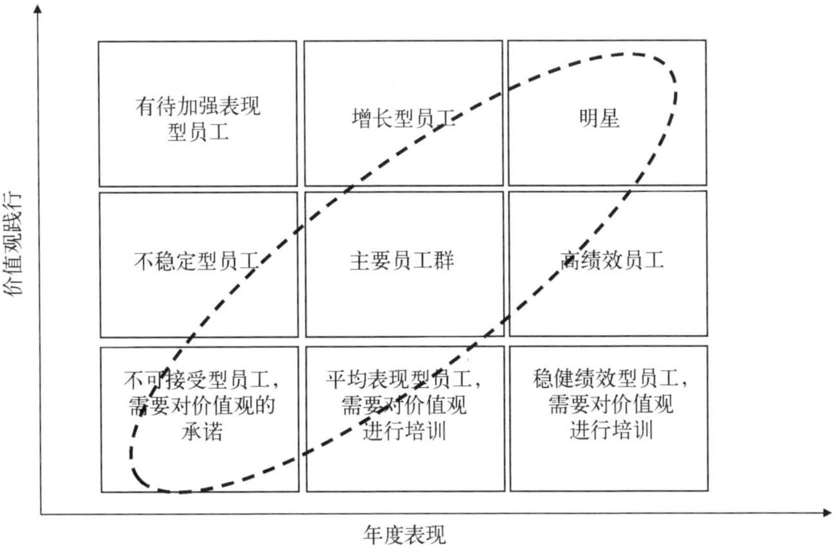

图6.1　员工评价九宫格

等级（高、中、低），交叉构成九宫格。落在双高格的是企业的榜样级人物；大部分员工会落在双中格；而双低格的员工既没有良好业绩，也没有积极践行企业的价值观，应该走人。

此外，建设德鲁克型的组织也是很多企业所向往的，我们为此设计了“德鲁克管理思想的十项原则”（附录二）工作流程，它是根据企业在诊断阶段的“德鲁克十项原则”得分而设计的。我们将在本书第二部分简要介绍德鲁克十项原则，其内容十分丰富，但限于篇幅无法充分展开。不过，我们认为德鲁克十项原则对有意愿在儒家文化主导的社会中建设德鲁克型企业的人还是很有意义且实用的。

工作流程二：使命、愿景、宗旨

“极星理论”的第一步就是制定一体化的组织使命、愿景和宗旨，使其为组织、员工和整个社会创造价值。这个框架符合德鲁克思想，同时也适当加入了其他当代管理理论，并考虑了中国的主流哲学。由此形成的框架可以给中国企业带来实际的帮助，使他们能基于德鲁克的理论确定自己的方向。

与传统的战略先行的观点不同，我们认为是使命、愿景和宗旨决定战略的内容。因此，我们要确保这三项宣言符合根据企业的“事业理论”得出的诊断结果，同时也要简单有力。

下面的“交控科技灯塔”，是该公司基于我们的“企业方向理论”框架为自己搭建的（见图6.2交控科技灯塔）。我们将以此为例，分析交控科技的“极星之旅”。

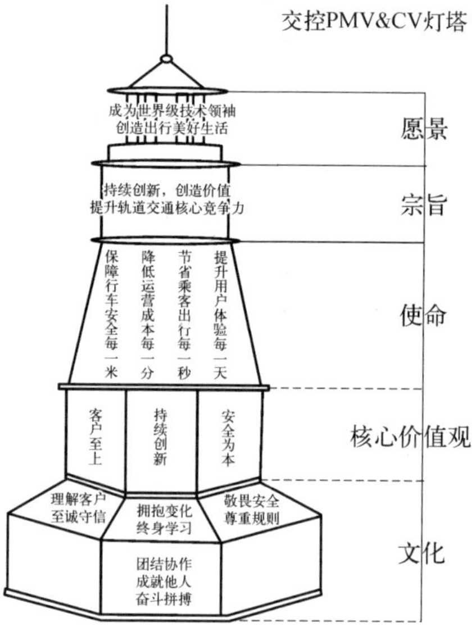

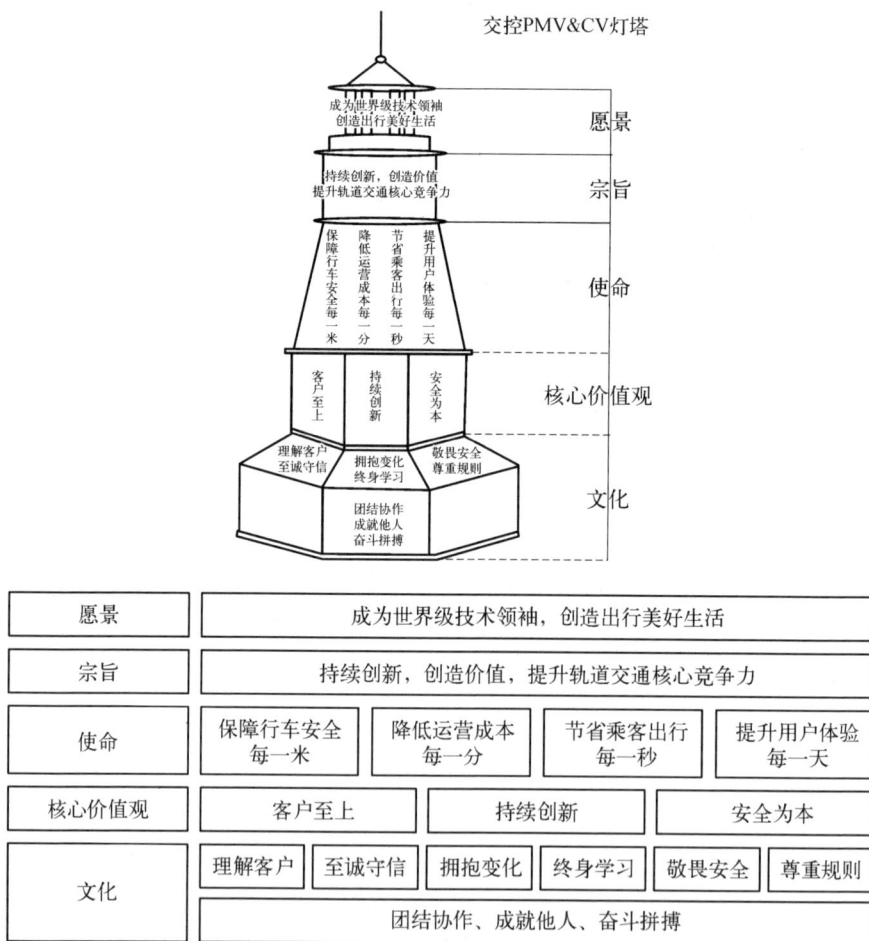

愿景	成为世界级技术领袖，创造出行美好生活					
宗旨	持续创新，创造价值，提升轨道交通核心竞争力					
使命	保障行车安全每一米	降低运营成本每一分	节省乘客出行每一秒	提升用户体验每一天		
核心价值观	客户至上	持续创新	安全为本			
文化	理解客户	至诚守信	拥抱变化	终身学习	敬畏安全	尊重规则
	团结协作、成就他人、奋斗拼搏					

图6.2 交控科技灯塔

卓越的使命

“保障行车安全每一米，降低运营成本每一分，节省乘客出行每一秒，提升用户体验每一天。”

让我们根据我们的六项标准审视一下交控科技的使命宣言。它显然能够鼓舞人心，各部门的员工可以将自己的具体工作任务与这一使命相结合，例如安全部门确保安全，研发部门关注节约成本、节省时间和提升用户体验的创新。而对销售团队来说，这个使命阐明了企业为顾客创造的价值，并间接指出了这家B2B企业的两个目标顾客群。轨道交通运营商是交控科技的直接顾客，公司为他们提供的核心价值是确保安全和降低运营成本；另一个顾客群是乘客，也就是最终消费者，交控科技为他们提供的核心价值是快速、便捷和无忧的出行服务。

这一使命间接回答了德鲁克的根本问题：“我们从事的是什么业务？”从“每一米，每一秒”这样的表述中，我们可以看出交控科技属于交通行业，类似于丰田汽车的“提供出行服务”。与此同时，交控科技的哪些直接顾客会关注降成本、缩短时间等核心价值呢？交控科技在此并没明言的是，他们的顾客可能不限于目前的主要领域——地铁交通，这就给就我们留出了想象其潜力的空间：交控科技的顾客群会不会扩展到货运、铁路、有轨电车或超级高铁（Hyperloop）等其他创新领域呢？甚至涉足道路交通？在这里，一个很有趣的文化现象是：从德鲁克的角度来看，使命一定要以顾客为基础，必须明确定义你的目标顾客；而从儒家的角度则可以保持一定的模糊和灵活，凡重视企业所能创造的核心价值的人都可以成为潜在顾客。

强有力的愿景

“成为世界级技术领袖，创造出行美好生活。”

根据我们的标准，交控科技的愿景简明扼要，人们很容易想象出这个愿景中的“最终状态”——出行便捷，生活便利，没有交通拥堵，享受安全、快速、舒适的点对点地铁服务，甚至可能有定制化的出行方案。交控科技在访谈中向我们描述了他们正在做的下一代地铁：乘客可以用手机App预订带健身设施或会议室的机场快线。这绝对是一个令人鼓舞的最终状态，所有利益相关方和整个社会都能受益，出行更便捷将让人们的生活大不相同——这很了不起。

同时，“成为世界级技术领袖”表明交控科技志在营造全球影响力，而不仅局限在中国。这很有远见，有挑战性但却是可以实现的。这个最终状态能够鼓舞员工，特别是研发团队，因为目前交控科技的主要创新仍集中在产品上，这与我们在访谈中得到的信息吻合。这里有一段有趣的幕后故事：讲到愿景，大家的第一反应是“要成为全球轨道交通领军者”。我们在各行各业的中国企业中都看到过类似的情况，大家的最终目标都是成为各自领域的全球领袖。但说得更清楚一些，成为全球领袖是一个很大的目标，意味着企业要在运营、商务、品牌、全球布局、商业实践等各方面全部处于领先，不仅仅是制造最先进的产品。据此，我们给交控科技团队提出的问题是：以企业和团队目前的能力，在全球市场上全方位超越西门子、阿尔斯通这样的老牌世界级企业是否真的可行？交控科技的高层领导也许已经具备了全球视野，对国际市场有了很深的理解，但整个团队是否同样具备了相关的经验和能力？如德鲁克会建议的那样，交控科技认真思考了他们的实际情况、可以实现的目标，以及如何发挥自身优势，得出的结论是，交控科技目前只具备在全球范围内赢得技术创新领先地位的研发能力。这样，企业对自身面临的挑战和具备的能力有了开放、诚实、完整的展现，不仅有助于他们起草真正符合自身情况的愿景，更令整个团队从这次讨论中受益。了解了企业目前的优势和愿景都在技术创新领域，交控科技就明确了自己的关注重点，从而进一步增强了企业的核心竞争力，也强化了交控科技与本土竞争对手的差异——对手们在技术创新和变革方面比较保守。

鼓舞人心的宗旨

“持续创新，创造价值，提升轨道交通核心竞争力。”

如上一章所述，西门子的宗旨是通过其能源、医疗和基础设施产品更好地服务社会。而在中国市场，虽然交控科技无论在商业上还是技术上都比西门子更胜一筹，但是交控科技同样需要考虑社会影响力的问题。交控科技的核心产品是信号系统，产品苛求安全的性质决定了这是一个相对垄断性的行业，全球也不过几家供应商。在这几家当中，交控科技不是最早的，也不是最大的，也不是经济实力最强的。那么，交控科技为什么要存在？其存在与成长对社会有什么贡献？我们将这个问题抛给了交控科技的团队，得到了很多鼓舞人心的答案。

在交控科技看来，他们凭借突破性技术打破了西门子等国际巨头100多年的长期技术垄断。作为中国首家能提供同样高质量信号系统的制造商，交控科技的出现带来了市场竞争，将地铁的每公里建设成本和运营成本平均降低了20%以上。鉴于目前地铁的建设和运营主要由国家出资，交控科技的尖端技术大大节省了政府开支，同时提供了更好的产品。不仅地铁乘客受益，作为纳税人的社会公众也从中受益。从管理层到普通员工，交控科技团队的每个人谈到这一点时都兴致勃勃，与有荣焉。一位一线员工讲述了他的故事。他带着家人乘坐自己参与开发的第一列无人驾驶列车时，他骄傲地告诉儿子：“你正乘坐的这列无人驾驶地铁列车可以成功运营，也有爸爸的贡献。”我们感受到了他话语中的激动和自豪。所以说，交控科技的这个宗旨绝对能够鼓舞员工。

事实上，本书作者之一、德鲁克学院讲席教授贾沃斯基曾问交控科技的创始人郜春海：“交控科技为何而存在？”郜春海形容这个问题直击灵魂，而德鲁克提过的那个著名问题与此异曲同工。他问通用电气的传奇首席执行官杰克·韦尔奇：“假设你还没有进入这个行业，你现在还会进入吗？”贾沃斯基教授这个灵魂拷问让交控科技的整个团队陷入了深思。一周后他们给出了答案:“交控科技存在是为了提供自主创新的领先技术解决方案，利用创新技术不断创造价值，增强中国在世界轨道交通行业的核心竞争力。”这句话太长，我们进行了微调使其更加简洁，这样员工才更容易记住和认同。

我们为何存在？对于这问题，我们尽可以随口给出一个口号式的回答，如“我们存在是为了改善社会”。这没有错，但是太过含糊和笼统。请记住，这个问题的答案不应该是随口一说，它应该是企业的基因。只有这样，一个组织才能长久，才能令人向往。交控科技的核心团队是一群大学教授和学生，技术创新就是深植在他们脑中和心中的企业基因。因此，交控科技的团队表示，这个问题帮助他们理清了思路，确定了方向。更重要的是，思考这个自身产品对社会有何贡献的过程让他们找到了企业存在的意义。

交控科技“追寻宗旨”的过程是一个鼓舞人心的故事。我们鼓励其他组织也向自己的团队提出相同的问题:“我们为何而存在?”我们相信，这也能激励你的组织找到自己的宗旨。

工作流程三：文化与价值观

这个工作流程的主要目的是协助交控科技团队认清他们想要的文化和价值观，也是能够在宗旨、使命和愿景的指引下为其战略方向提供支持的文化和价值观。人们通常认为，工作中遇到的各种管理问题，如缺乏团队协作、沟通效率低下，都是因为企业文化不良，所以提升企业文化是解决一切管理无效问题的万灵药。事实上，良好的企业文化确实可以改善组织内员工各个方面的思维和行为方式。因此，在我们的第一次文化与价值观讨论会上，德鲁克管理学院的卡特里娜·匹克教授一开场就引用了德鲁克的一句名言："文化能把战略当早餐吃"[1]，以此说明文化于企业的重要性。

尽管所有企业都谈文化和价值观，但很少有人能说清这两个概念在确定组织方向时的不同作用。我们也向交控科技团队提出了这个问题："价值观和文化有何联系，又有何区别？"得到的回应是久久的沉默。于是，这个工作流程就从解释概念开始，我们发现从一开始就厘清概念对交控科技团队完成后续练习大有助益。

坚定的价值观及支撑价值观的文化：

价值观：顾客至上、持续创新、安全为本

一般文化：团结协作、成就他人、奋斗拼搏

针对价值观的文化：顾客至上——理解顾客、至诚守信；持续创新——拥抱变化、终身学习；安全为本——敬畏安全、尊重规则

虽然我们认为交控科技的价值观可以更明确一些，但"安全为本"——将安全作为所有业务活动的基础，这实际上对于这个苛求安全的行业很有针对性。"顾客至上"听起来平淡无奇，尤其是对于消费品行业。但这确实是交控科技的竞争优势，因为其竞争对手都无法像交控科技一样提供高度定制化的解决方案。这与爱德华·琼斯的案例相似，都是用价值观彰显企业的独特性。此外，为顾客提供定制解决方案需要持续创新来支持，与其他可能更重视"无风险"多过"创新"的竞争对手相比，这些确实都是交控科技的核心竞争力和企业独特的价值观。

这些价值观也很容易理解，对行业有意义，当然也有力地支持了公司的战略。

通过这些期望的价值观，交控科技传递的信息很有趣：所有的信号系统提供商当然都很重视安全，但交控科技的独特之处在于用定制化解决方案和创新来实现更高的安全标准，从而提高产品的安全性能。而不仅是希

1　指没有文化的支撑，再好的战略也是可以被"吃掉"的，即无法发挥效用。

望通过一成不变来实现低故障和无风险。

基于这些价值观，我们要求交控科技列出其现行的哪些做法可以支持其文化，哪些会有所妨害。这是因为，尽管德鲁克和孔子都认为价值观很重要（在儒家学说中体现为“德”），但遍及整个组织的支持性行为才是带来改变的关键。有趣的是，大家提出持续加班是支持奋斗拼搏这一企业文化的行为，而不是想办法提高工作效率，我们意识到这可能是中国企业“加班文化”的典型体现。也有员工提到，现有的规则存在不一致，导致员工无法保证遵循规则。我们也许以为这是因为规则写得不好，不够明确，但这也是“中庸”文化影响下许多中国企业的一个普遍倾向：不要非黑即白，规则中要刻意留下灰色地带，允许有例外。

回想一下我们评估文化的六条标准中的第一条：企业文化不适合，也不应该适合所有人。这意味着企业要作出明确的选择和取舍。前面提到过，企业有时会倾向于不作明确的选择，站在中间，以便根据具体情况灵活选择对策。因此，在文化与价值观讨论会上，交控科技的团队展开了大量极具建设性的争论。

例如，他们不得不做的一个选择是：交控科技应以怎样的独有文化来吸引合适的人才？提出这个问题的原因是，尽管公司的管理团队十年来一直是稳定的，但中层和一线员工中近几年离职率在上升。原因之一是交控科技的导师制文化培养了大量对竞争对手极具吸引力的年轻人才。而且不寻常的是，郜春海鼓励员工换岗，他认为年轻员工应该有机会“看看外面的世界”，并在新的工作岗位上与人分享之前所学，这有助于提高行业整体的平均水平。这听起来非常高尚和无私。但公司人力资源部却面临着巨大的挑战，需要不断吸引足够的人才来填补空缺，特别是交控科技在行业内人尽皆知的“奋斗拼搏”文化似乎成了招聘的障碍。

那么，交控科技是应该坚持自己的奋斗拼搏文化，还是应该有所改变？人力资源部从这次讨论会中得到的一个重大收获就是：公司选择坚持这种文化，通过强化奋斗拼搏来吸引价值观匹配的人才，也就是那些愿意努力工作并重视贡献的人。就像奈飞的运动队文化一样，企业选择的这种文化不可能适合所有人。看到交控科技最终选择的奋斗拼搏文化，应聘者会很容易想象在这家公司工作的场景：充满活力、竞争激烈、自我成长、结果驱动等，但除了这些激励因素外，这种文化也意味着不可避免要加班。所以，人力资源部门在此传达的信息很简单：如果你追求安逸舒适的生活，像家庭式文化的企业那样，那么加入交控科技并不是一个好的个人选择。但是，交控科技的这种文化选择其实是基于商业现实，团队的平均年龄只有30岁。充满自驱力的青年一代希望趁自己身体好，在一家快速成长的企业支持下取得业绩，这就是他们想要的理想文化。

评估企业文化的另一个重要标准是找到文化元素之间的冲突点。交控科技在这里作出了艰难的战略选择。例如，在我们与团队的讨论中，一个年轻员工认为工作必须快乐，只有快乐的员工才能每天充满激情地工作。但创新也可能来自挫折。那么，如果创新和快乐不能共存，我们该如何取舍呢？这与论述价值观的第五章中两个对照案例非常相似，沃科特公司奉行“有趣”的价值观，而英特尔公司主张“建设性对抗”，这就是完全不同的选择。的确，战略选择涉及权衡取舍。我们意识到儒家学说重视关系，努力保持和谐的工作关系是许多人会优先考虑的问题。而“家庭式企业”在中国和日本等儒家文化根深蒂固的社会十分流行，也表明了人们期望与同事建立大家庭式的关系。但是，如果“建设性对抗”和良性竞争更能够有利于高效率和高绩效，即使我们无法与同事成为好友，共同的价值观也可以引导企业内的每一个人共同努力，这就是价值观的力量。事实上，我们有时也会听到中国的高管像父亲对儿子一样教训员工：“你来工作是为了出成绩，不是为了交朋友。”这就代表了企业在业绩与和谐人际关系之间作出的选择。

然而，也有一些看似冲突的文化元素必须共存。例如，交控科技将安全和创新一同视为重要文化要素，也是企业生存和发展的核心。对此，交控科技团队是这样解释的：他们的核心产品是信号系统，它是列车的“大脑”，决定着列车如何避免撞车和其他事故；信号系统故障是轨道交通事故的一大诱因。因此，毋庸置疑，保障公共安全是永远不能妥协的根本问题，就像一般性价值观中的“诚信”一样，是必须坚持的。但是，业内的传统观点是尽量减少改变，从而确保系统的稳定，保障安全，这就导致了关于创新与安全是否冲突的争论。当然，任何创新都可能带来风险和错误。但是，我们的诊断结果显示，交控科技内部从高管到一线员工，都认为自主创新是公司的核心，是他们提高绩效的关键。这表明他们有能力平衡这两个看似冲突的文化元素，实际上也正是这种独特的文化才使交控科技区别于其他竞争对手。这是优秀企业文化宣言的另一个标准：反映出企业认为自己怎样能够成功，以及为什么能成功。

好的文化可以帮助组织专注于其核心竞争力。鉴于多样化如今已经是企业面临的巨大挑战，作出必要的取舍变得更为关键。在交控科技的案例中我们看到，认识到创新和安全之间的冲突并在这两个文化要素间求得平衡，也能转化为核心竞争力，这样也能够帮助企业集中力量和资源。因此，这个工作流程帮助交控科技塑造其独特的文化，既鼓励可持续性也追求高速成长，而且这是竞争对手难以模仿的。

全世界所有企业都需要不断地设定和重新设定企业方向。由于意识到中国独特的文化会影响人们的想法和做法，我们选取了交控科技作为实例。这是一个典型的中国企业，与你身边的任何其他企业一样，和你有着相同的文化背景，面临着类似的管理问题。如果你的企业也有与交控科技类似的问题，并且这个案例能够引起你的共鸣，我们希望其中的经验能够帮助你的企业顺利定下企业方向，找到发展的“极星”。

第二部分 融会中西管理方法

德鲁克被誉为现代管理学之父，20世纪40年代他出版了《公司的概念》，在之后的50多年中，他先后出版了30多部著作。孔子被誉为中国古代的至圣先师，由孔门弟子整理汇编的儒家经典《论语》，内容博大精深。以孔子为代表的儒家思想，至今仍然深刻影响着中国社会及人们工作、生活的方方面面。从德鲁克的丰硕成果及儒家经典《论语》中，作者研究和发现了两者之于中国企业实践的共通性，分别提炼出十项原则，从而为企业提供了可评估、可量化的管理工具。

引　言

本书的第一部分旨在帮助组织做好“极星理论”中的五个方向性决策。我们提供了明确的标准和优秀案例，相信你已经有能力制定好这五个关键要素，那么你也就可以借“极星理论”为你的组织设定方向。这将大大提升你的组织的长期竞争力。然而，这些显然还不足以保证成功，我们还需要制定适宜的战略并出色地执行。但若没有明亮的“极星”指引方向，实现长期有效管理的可能性就会大大降低。

第二部分将转向彼得·德鲁克和孔子。众所周知，德鲁克是现代管理学之父，20世纪40年代开始撰写管理类书籍，出版了开创性著作《公司的概念》。德鲁克当时写这本书的目的是为了把大型组织作为独特的实体进行研究，在当时，商业组织主要还是家族式经营，规模较小。随后他又在1954年出版了《管理的实践》，这是第一本将管理作为一个整体来研究的著作。这本书将管理描述为一种独特的职能，管理活动是一种具体的工作，而管理者是组织中一个独立的角色。在接下来的50年中，德鲁克又接连撰写了30多部有关管理和功能社会的著作。

在本章中，我们将用十条看似简单的原则来总结德鲁克作品中的精髓。需要特别留意的是，这十项原则并不是德鲁克本人提出的，而是由德鲁克研究所（Drucker Institute）和德鲁克管理学院（Drucker School of Management）精心总结出来的，是最能代表德鲁克对组织的见解的十项原则。在此基础上，本书作者之一、德鲁克管理学院讲席教授贾沃斯基又为其评分体系添加了行为锚，这就突破性地实现了概念性原则的量化，方便个人或组织为自己打分，通过简单易懂的得分了解自己的组织有多像（或不像）一个德鲁克式的组织。简单来说，德鲁克的著作涉及个人、团体、组织和社会四个层面。他认为组织的目的是创造顾客并满足他们的需求。如果组织能够真正以顾客为导向，就能盈利，而且能持续成功。在德鲁克看来，组织获得成功的关键在于组织中人的素质。他认为**人才是组织最重要的资源，是真正带来持续竞争优势的核心能力**。德鲁克认为，在战略上，**伟大的企业可以平衡连续性和变革**，因此长期具备竞争力，但前提是，组织要有精准的使命、强有力的文化、清晰的一套价值观，及激励性的宗旨。**为实现跨越不同时代的管理，组织必须要勇于放弃曾经有效的做法**，通过推动创新来塑造更好的未来。

孔子早在2500年前就写下了关于社会、家庭和个人行为的见解，其中很多都是小段文字，由其弟子及追随者整理成典籍《论语》。此后，不断有各种不同的书籍、文章和作品试图从各方面总结他的思想。孔子思想的基石是人性本善，人有学习和进步的能力。同德鲁克一样，**孔子相信个体的善良、勇气、正直、慷慨和仁爱等关键特质是可以不断改善的**。他率先提出了一个“黄金法则”——己所不欲，勿施于人。这条“黄金法则”的根本是善良、关怀他人福祉，包括家人、朋友，甚至陌生人。这些都是社会团结的关键。

另外，同样与德鲁克观点相似的是，**儒家学说关注个人、家庭、机构和更广泛的社会，其终极目标是社会和谐**，也就是社会运转良好，为个人提供充实的生活。孔子重视社会地位，他认为家中的长辈在社会中起着重要作用，必须受到尊重和敬仰。另外，他还认为可以通过一个人交往的朋友来判断他的为人。交的朋友优秀说明这个人生活好、修养好；而选择坏朋友也可以说明这是个怎样的人。因此，要培养、珍惜和维持好的朋友关系。

与阐述德鲁克的一章相似，我们也提出了“儒家思想在管理学应用中的十项原则”，并设定了行为锚。当然，就像德鲁克的原则一样，这十项原则也无法完全涵盖深厚的儒家思想，但如果你在这十个维度上得分都很高，这可以认为你的组织是由儒家思想驱动的。与德鲁克十项原则相似，我们选择的儒家十项原则也是关于个人行为和机构层面的。

总之，我们希望你能注意到，德鲁克的思想和儒家思想有着惊人的一致性。**两者都强调个人特质，强调每个人都可以通过学习和实践不断精进。**他们都相信良好社会的关键是美德、勇气和利他，即关心他人和整个社会。**两者也都深信文化和价值观在组织和社会中的巨大作用。**最后，我们也希望你在阅读这部分内容时可以通过每项原则看出对第一部分的创作产生了怎样的影响。

第七章

德鲁克思想概述——德鲁克管理思想的十项原则

CHAPTER SEVEN

德鲁克认为，伟大的企业可以通过战略来平衡连续性和变革，从而赢得跨越时间的竞争。这有赖于组织构建明确的使命、强大的文化、清晰的价值观及激励性的宗旨。

尽管自从人类诞生便有了管理，但是管理作为一门学科，还是比其他更传统的社会科学或自然科学的历史要短。如彼得·德鲁克所言，管理学是一门较新的学科，但也是发展最快的学科之一。[1]人们普遍认为，是德鲁克将管理学确立为一门独立的学科并定义了其研究范畴。[2]自他以来，管理学不再只是令管理从业人员受益，而在20世纪50年代和60年代，更是成功引爆了公众的"管理热潮"。[3]随着公众对管理理论的兴趣不断增加，除了传统的营利性企业高管和管理专业学生以外，也有了很多新人进入管理领域。[4]这种现象表明，**德鲁克管理理论适用于各种类型的组织，如政府组织、非政府组织、非营利组织、社会部门、传统营利性企业等。**

彼得·德鲁克及其管理理论

德鲁克被誉为"改变了美国工业的面貌"的"现代管理学之父"[5]，他也是一名教育家、作家、记者和顾问。他的作品在全世界读者众多，广受

1 Peter Drucker, *The Essential Drucker: Selections from the Management Works of Peter F. Drucker* (New York: Harper Business, 2001), 312.

2 Drucker Institute," About Peter Drucker," accessed April 11, 2020, https: //www.drucker.institute/perspective/about-peter-drucker/; Jack Beatty, *The World According to Drucker: The Life and Work of the World's Greatest Management Thinker* (London: Orion Business, 1998), 104; Peter F. Drucker, *The Practice of Management* (New York: Harper Business, 1993), viii.

3 Beatty, *The World According to Drucker,* 101.

4 Drucker, *The Essential Drucker,* viii.

5 Beatty, *The World According to Drucker,* 1.

推崇。作为最著名、最有影响力的思想家之一，他撰写了大量有关管理学、经济学以及政治和社会的文章和著作。他的作品体现出对社会的高度关注，强调以人为本。[1]在德鲁克看来，管理学是一门社会科学学科，具有社会功能，是有关他所谓的“功能社会”中的人的学科。他关注人的价值观、成长和发展，这使他的思想充满人性光辉。

正是德鲁克的努力使管理学成为一门独立的学科，可以被广泛研究并持续发展。他断言，**管理实际上是一门必须要实践的人文艺术**，融合了心理学、哲学、历史和宗教等等。德鲁克认为，管理的本质是“使知识富有成效”[2]。用他的话说:“要设定目标,绩效要可以衡量,业务方可执行。”[3]照此定义，管理学能够帮助所有组织有效运作，包括企业、非营利组织和政府机构。

十项原则

1. 明确的使命和“事业理论”

每个组织都要有一条使命宣言。一个明确的使命会阐明组织具体处于哪个行业。虽然如今很多组织都在网站首页的最上方宣示了自己的使命，但很多使命宣言其实并不能回答德鲁克提出的基本问题:“我们做的是什么业务?”德鲁克认为，一个明确的使命能为组织提供方向——一个能够团结每个人共同向“卓有成效”迈进的方向。当我们审视自己的使命时，它要为我们关于“做什么”“不做什么”的关键决策提供指导，从而使组织保持专注，远离不应涉足的业务。

1 Drucker Institute,“About Peter Drucker.”

2 Drucker, *The Essential Drucker,* 313.

3 Drucker, *The Essential Drucker,* 61.

顾客为本

一条好的使命宣言要能说清我们的企业与其他所有企业有何不同。另外，它还必须明确目标顾客群能从我们的产品中获得哪些利益，满足什么需求，而不是仅仅说明我们实际提供哪些产品或技术。例如，一个好的汽车企业的使命宣言强调出行便利，而不是汽车本身；一个家具企业的使命应侧重舒适和时尚，而不是桌子椅子；而连锁酒店应该强调一夜好眠，而不是酒店的实体特征。这个决策过程可能需要有所取舍，因为每个特定顾客群的需求都与其他群体不同。

顾客重视什么？

说到底，我们要考虑的是顾客价值，不是产品功能和生产成本。以时尚行业为例，对于爱马仕这样的奢侈品品牌来说，顾客价值的重要来源是顾客感受到的尊贵VIP身份。当顾客背着鳄鱼皮镶钻的喜马拉雅包赴约，她所感知的价值绝不仅仅来源于产品的功能——用来装东西的包，也不仅仅来自高档真皮面料和长时间的手工制作带来的高额生产成本。这件产品代表的是高价、限量、尊贵的社会地位。相比之下，价格低一些的高级品牌包同样具备一个包的所有功能，但对顾客而言，价值却截然不同，它代表的是以合理的价格体验到最新潮流和“足够好”的质量。这两类品牌都有其价值，但不同的价值会吸引不同的顾客群，甚至同一顾客群也会因为不同场合的需要而购买不同品牌的产品。所以，组织要对自己目标顾客的需求有清晰的认识，包括情感需求和功能需求，然后根据自身的资源和能力选择为他们提供什么价值。

符合行业现实

一个明确的使命要使组织的内部核心竞争力与外部环境相匹配，要符合组织的实际情况。我们发现，很多中国的组织更愿意寻求多元化的发展，而明确的使命则帮助我们保持专注。没有一个组织是全能的，谁也无法提供一切服务，满足所有需求，我们不能通过开展互不相干的多种业务来谋求发展。事实上，过去某一种产品的成功并不能保证我们未来的所有相关产品也同样成功。在选择使命宣言时，高层管理人员对自己组织的核心优势、资产和能力必须实事求是，这样才能使组织真正根据自身实力和优势，而不是我们所“期望”的优势来确定其使命。

时不我待

德鲁克指出，组织应该尽早确定自己的业务，应该在成功的时候做这件事，不要等到江河日下。[1]实际上，“我们是做什么业务的”这个问题并不总是容易回答，答案往往不是显而易见的。[2]当杰克·韦尔奇出任通用电气的新任首席执行官时，德鲁克曾问他：“假设你没有进入这个行业，你今天还会进入吗？如果答案是否定的，那你打算怎么办？”正是这个经典而深刻的问题，启发了韦尔奇，他重新思考了公司的战略，成功转型，带领通用电气在接下来的20年里延续了传奇。

选择可以持续多年的使命

如前所述，一个有重点的使命可以帮助管理者围绕其所应该从事的业务分配资源和时间。然而，我们今天认为正确的业务未必一直是正确的，所以有远见的管理者应该时刻警醒，在短期和长期的组织目标之间保持平衡。考虑到当今快速变化的商业环境，管理者必须在这种连续性的变化中游刃有余，才能确保管理的有效性。正如德鲁克曾多次指出的，产生危机的根本原因可能不是我们做错了事，而是做了不符合当前现实的正确的事。因此，组织每隔一段时间就要重新思考一次德鲁克问韦尔奇的那个问题，这样才能不仅认清现在，也做好从过去过渡到现在，进而走向未来的准备。每当组织所处的宏观环境发生变化，管理者必须对此有所认识，以便重新思考组织的使命是什么，别人为什么要付钱给我们。这就是德鲁克

---

1 Drucker, *The Essential Drucker*, 27.

2 Drucker, *The Practice of Management*, 49.

的“事业理论”，他认为每个组织都必须有一套有效的“事业理论”。

2. 专注于了解顾客需求

德鲁克最广为人知的论断之一是，“企业目的的唯一有效定义是创造顾客。”[1]市场是顾客需求决定的，因此，市场的演变从根本上说就是不断变化的顾客需求和偏好的集成。成功的职业管理人或许对此已有深刻理解，任何成功的组织都必然以顾客为导向，无论这是有意为之，还是无心插柳。事实上，顾客导向是成功的基本要素，对于任何组织过往的成功，顾客导向必定功不可没。它决定着产品是否畅销，尤其是能否“自我推销”。若不能，就要靠销售人员付出营销成本去推销产品。

不断追问顾客真正看重的是什么

正如德鲁克所说，“是顾客决定了商业的本质。”[2]因此，一个组织若要保持对顾客的关注，其高管级管理者就必须主动引领这一过程。而领导者最重要的任务之一就是定义顾客，了解顾客的需求和价值，然后满足需求。这是一个为顾客创造价值的过程，以使命宣言中定义的顾客核心利益为基础。为此，企业需要系统地分析和调研市场，以便了解顾客真正看重的是什么。有很多营销工具可以帮我们收集顾客意见。各个组织可以寻找最适合自身情况的工具来明确顾客真正愿意购买的价值是什么，为什么会购买。此外，组织还应该关注顾客成效，如顾客的满意度和忠诚度等，这些都是很有效的量化指标，可以帮助企业了解顾客使用其产品是否感知到了他们期望的价值。

我们也注意到，中国每天都有无数的“新零售”等“创新”产品和服务出现。尤其是建立于零工经济和视频分享网站快速发展上的生活方式、

1 Drucker, *The Practice of Management*, 37.

2 Drucker, *The Practice of Management*, 37.

消费品相关的在线服务。虽然这些“创新”都让顾客在一定程度上受益，从而吸引流量，但并不是所有的“创新”都能创造出真正可以持续经营的长期价值。如果我们从本质上思考一下这种推崇线上线下无缝连接并无限度满足个性化需求的“新零售”概念，就会发现这并不是真正的“新”概念。虽然今天才有的一些新技术的应用极大地改善了客户体验，但这一概念的根本还是和德鲁克多年前的主张相一致的——专注于创造客户和需求。在今天这个瞬息万变的商业环境中，我们很容易迷失在无穷无尽的新造名词和概念中，所以走进经典著作可以帮助我们探寻这些貌似新的概念后面的本源——其精髓是恒久不变的。其中，对顾客价值的认识永远是重中之重。过去的十年是中国创业的“黄金时期”，我们也在各个领域都看到很多快速成熟又迅速消失的独角兽。不管是金融科技独角兽“团贷网”，还是一夜长大的大数据和物联网回收服务“小黄狗”，还有曾经估值高达20亿美元的著名共享单车公司OFO。这些顷刻间“眼见他起高楼，眼见他楼塌了”的案例，都是对有远见的高管们的警醒**——只有对持续顾客价值创造的关注才是企业长盛不衰的基础。**

德鲁克的先进性还体现在他提出了一个在他那个时代很有创新意义的概念——顾客未能充分表达出来的需求，他将其称之为“未被感知的顾客需求”(unfelt want)。简单来说就是顾客在亲眼看到产品之前，并不知道自己还有这个需求。当代最好的例子就是智能手机。在20年前，当市场还被诺基亚手机所占据的时候——这是一个曾经在历史上辉煌过，但今天的年轻一代可能已经无从知晓的品牌，当时的顾客仍无法想象像智能手机这样的颠覆性创新将会如何显著地改变他们的生活方式，无法想象像现在这样我们的生活几乎完全建立在手机之上。当时有一个很有远见的企业率先认识到了这种“未被感知的顾客需求”，并通过技术创新将需求转化为产品，因此这家企业得以在市场上夺取先机并蓬勃发展。今天我们都知道这家有远见的企业就是苹果，它通过iPhone让顾客感知新的价值并由此开创了属于苹果的新市场。

“未被感知的顾客需求”

德鲁克的“未被感知的顾客需求”这一概念，实际上是给组织提出了更高的要求。因为要“创造顾客”就不能停留在了解顾客现有的需求，而要更进一步创造新价值、新需求、新顾客。其实真正了解顾客的现有需求已经不容易，要预测顾客未来的需求则更加困难。即使有系统分析和一整套营销工具的帮助，要完全识别出只存在于未来的未被感知的顾客需求仍然是很大的挑战。不断自问德鲁克的经典问题——“顾客真正看重的是什么”可以帮助我们不断思索，认清我们的产品是否依然符合市场需求。

满足“未被感知的顾客需求”

发现新顾客和新价值很难，但这还不是用于衡量管理者效能的最终结果。我们要的最终结果是，管理者要有能力将潜在的市场需求转化为有利可图的商业机会，最终体现为经济上的绩效。这就引出了企业赖以创造价值的两大功能：营销和创新。[1]利用营销工具了解顾客意见，通过创新发明新的产品和服务，从而创造新价值，为组织带来经济效益。

高层管理者的责任之一就是以最佳方式有效分配组织资源，从而根据顾客需求以合理的成本供给优质的产品和服务。这个创造财富和价值的过程是管理者最重要的工作。正如德鲁克所言，“社会将能创造财富的资源托付给企业，正是为了供给顾客所需”[2]。

3. 各层级的责任

在当今新知识经济时代，工业化初期的传统“指挥控制式管理”已不再适用。自德鲁克提出知识型员工的概念以来，大量的知识型员工已经成

1 Drucker, *The Practice of Management*, 39.
2 Drucker, *The Practice of Management*, 37.

长为当今组织中的主流群体。特别是今天中国的年轻一代，即使出身乡村，多数也是在先进的信息技术环境中成长起来的，他们大部分拥有大学以上学历，具备批判性思维和独立思考的能力。显然，我们已经无法沿用以前的思维方式来管理这些知识型人才。随着越来越多这样年轻、受过良好教育的企业家和高管开始主导各类组织中的管理岗位，我们逐渐认识到，德鲁克多年前的预言如今正在世界各地的组织中成为现实。中国也不例外。我们注意到，中国的组织中出现了弱化等级的倾向，越来越多地采用了德鲁克所说的"同事"的概念，而不用"下属"。[1]

个人层面——让每个人成为自己的管理者

这一原则是具有远见的，也是颠覆性的。因为在德鲁克的时代，市场还是由少数几个行业巨头主导的，这些大型组织需要靠相对强中心、多层级的制度来管控。但德鲁克创新性地提出，"在这种组织中，所有成员都必须作为负责任的决策者，都必须把自己看成管理者"[2]，也就是将责任下移。

许多年轻的专业人士在职业生涯初期难免会被管理岗位所吸引，因为"高管"这个词象征着权力与成功。但德鲁克有不同看法，他不以组织层级中有多少人在你手下来决定你是不是高管。他认为凡是能够承担责任、运用自己的知识作出自己的负责任的决策、为整体绩效和成果作出贡献的员工，都可以被视为自己的"高管"。[3]

这对组织中的每一个人，都可能是一种思维方式的剧变，对于现代组织来说，这一点尤为突出，因为今天的组织扩张速度比过去快得多。根据一份关于全球独角兽企业的报告，移动互联网和房地产行业的创业公司成为独角兽的速度最快，平均只需要2—3年；生物技术、网络安全、健身、

---

1 Drucker, *Post-Capitalist Society,* 56.

2 Drucker, *Post-Capitalist Society,* 60.

3 Drucker, *The Essential Drucker,* 194.

社交和旅游等其他行业平均也只需要5年。这种快节奏的成长迫使今天的高管们必须更加依赖中层、子公司和业务部门的管理者帮助他们完成业绩。另外，如果已经具有一定规模的组织希望保有创新精神，他们就要有意识地保持工作团队的小型化，仿佛他们仍是创业公司一样。

同样，中层管理者也需要帮助下级管理者和一线员工成长起来，使他们能够独立决策，完成业绩。正如德鲁克对通用汽车公司的评价一样，“业务经理应该有选择其经营方法的自由，这就是说，随着企业不断发展，依靠内部培养出强有力、独当一面的管理者就尤为重要。”[1]

不过，要说明的是，德鲁克倡导知识工作者成为自己的管理者，其用意并不是让每个人都当老板，而是要让每个人都成为“贡献者”。[2]

组织层面——简政放权，贴近市场

自德鲁克创新性地提出必须去中心化以来，我们已经看到，今天大家都在谈论并积极实践减少层级，形成扁平化治理结构，去中心化已经成为主流趋势。这种现象在硅谷式的科技企业中尤为明显，就连产品多元化的“传统”组织也常会根据产品将业务拆分成若干个子单元，在其内部实现去中心化，以便各个子单元可以在自己的市场中独立发展。扁平化治理结构在当下的流行证明，德鲁克的这一原则是富有远见的。

实时一线决策最大化

虽然等级仍是维持秩序的必要手段，但多层级结构在许多时候会鼓励自上而下的决策。去中心化的本质是让每个人在决策过程中都能自主[3]，这样我们才能对不断变化的环境作出及时反应。

这里的逻辑很简单，市场瞬息万变，一线员工往往最了解自己的任务

---

1 Drucker, *The Effective Executive: The Definitive Guide to Getting the Right Things Done* (New York: Collins, 2006), 120.

2 Drucker, *Post-Capitalist Society*, 109.

3 Drucker, *The Essential Drucker*, 260.

和顾客。鉴于我们的一线员工都是知识型员工，让他们有权根据自己了解的情况来做当下最合宜的决策就是更加有效的方法。许多管理者都有这样的体会：对知识员工的管理不能具体到每一个细节，要鼓励他们进行有效的自我管理，从而产生成果。[1]海底捞为人称道的服务就很能说明这种基层决策的力量。海底捞的所有员工都知道，企业非常鼓励他们做事，他们几乎可以用任何办法去尽力满足每一位顾客的几乎一切需求，他们也知道自己拥有极大的自主决策权，来实践自己新的服务方式。所以，一线员工会在服务中有意识地仔细观察每一位顾客，如果发现任何潜在的服务机会，他们就会立刻积极响应。从为顾客的生日晚宴唱生日歌，到为生病的顾客买药，到主动为你打包一份你喜欢的零食和水果带回家，还有最出名的，等位期间可享受美甲服务和洗发服务，一切都是为了更好地服务消费者。这些精妙的点子都来自一线服务员的责任心，而不是管理者的命令。

德鲁克的解释是，“组织必须基于业绩、市场、技术、社会、环境和人口结构变化作出快速的决策”[2]。诚然，组织的整体绩效是一种合力，不可能由任何一个人独力完成，需要每个人对自己的任务真正负起责任。因此，决策不能只是自上而下的。正如德鲁克常说的，“在一个知识型组织中，基层决策是至关重要的”[3]。

自主性应基于与整体目标的统一

虽然德鲁克鼓励自主性，鼓励每个人作自己的管理者，但这并不意味着每个人可以无限制地决定自己的工作。相反，德鲁克认为，知识型组织中的每一个人，“不管他（或她）的工作职能是什么，都必须思考自己的目标和贡献，并对此负责”[4]。其实，德鲁克注重的是通过基于目标的管理

1 Drucker, *The Effective Executive*, 4.
2 Drucker, *Post-Capitalist Society*, 60.
3 Drucker, *The Effective Executive*, xvii.
4 Drucker, *Post-Capitalist Society*, 108.

框架将个人目标、团队目标和组织目标统一起来。

只有当员工能够从“如何通过自己的贡献更好地服务于组织的整体目标”这一角度去思考时，他们才会真正负起责任来。因此，与传统的“指挥控制式管理”（control and command）中管理者为每个人设定目标不同，力求高效的知识工作者要能为自我规划出最能发挥自身专长的个人目标，并使之与组织的需求相一致。以研发工作为例，虽然研发以创新和突破性思维为基础，但一个优秀的研发人员要时刻提醒自己，提出的创新要符合组织的整体研究方向并能转化为销售业绩。

让每个人都成为自己的管理者，其实是让知识工作者和管理者都承担了更多的责任，每个人都要对总体目标了然于心，这在实践中可能非常困难。但是，一个组织如果愿意依靠人才，去培育长期的比较优势，那么，知识工作者就是丰富的资源。遵循德鲁克这个原则，他们将能更好地调动知识工作者，使其释放出其全部潜能。

根据个人优势让每个人负责最重要的任务

按照德鲁克的观点，责任下移应该是鼓励员工专注于自己有优势的、最重要的任务，而将自己不擅长的问题交托他人。[1]赋予知识工作者以责任就是让他们掌握任务的主动权。因此，管理者要着力营造一种员工参与度高的整体态势和不断变化的组织文化，让一线员工优先关注自己最重要的任务。

回到海底捞的案例。管理层放权给一线服务员，允许他们在他们认为合适的时候给顾客打折或提供额外的增值服务，这其实就是对德鲁克这一原则的成功实践。即让有责任心的员工发挥自己的优势。服务员是最了解消费者需求的人，而他们的任务与组织的整体需求一致——为消费者提供最好的服务，那么，一群负责任的服务员共同努力就带来了令人难以置信

1　Drucker, *Effective Executive*, xiii.

的顾客满意度和出色的财务业绩。

4. 以员工为导向

这个原则的意思是“员工不是需要削减的成本，而是需要守护的资源”[1]，它最能体现德鲁克管理思想的基础——人文精神。德鲁克将组织定义为“将知识工作者的知识转化为绩效并使其发挥效能的场所”[2]。这一定义决定了组织的职能和责任之一是：培养人，训练他们完成自己的职责，使他们成长，让他们高效。

在工作和生活中培养人

德鲁克说：“管理者要培养人。”[3]管理者最重要的工作之一就是培养他的团队，组织应有意愿投入力量培养人。今天人们更关心自我发展，而不是第一时间的收入回报，团队发展已经是一个广泛使用的衡量团队领导者有效性的绩效指标。如德鲁克所说，“使员工取得成就是衡量一个组织绩效越来越重要的标准”[4]。

如今，许多组织每年都会拿出培训预算帮助员工成长，培训内容从技术前沿，到专业知识提升，再到沟通和领导力等带来更高绩效的软技能培养，不一而足。

很多组织都完全明白，只有让员工感到满意，他们才能在工作中取得高绩效，例如海底捞的首席执行官张勇就有一个重要理念：“员工比顾客更重要。”然而，工作与生活的平衡在中国仍是一个大问题，二者之间的界线正变得日益模糊。

有一个很有趣的现象：很多中国企业并不热衷为员工规划清晰的成长

---

1 Beatty, *World According to Drucker,* 171.

2 Drucker, *The Essential Drucker,* 308.

3 Drucker, *The Practice of Management,* 298; Beatty, *World According to Drucker,* 110.

4 Drucker, *Management: Tasks, Responsibilities, Practices* (New York: Harper & Row, 1973), 28.

路径，但他们却非常愿意下力气改善工作环境和员工福利。从传统制造业到软件业，关怀员工身心健康已成为现代中国组织中的一种潮流。例如，在中国，许多创业企业竞相投资建设硅谷式的工作环境。开放式的空间有助加强内部沟通，免费小食和餐饮服务吸引员工在办公室待得更久，健身器材和按摩服务帮助员工保持身体健康。就连在过去经常被指“血汗工厂”的纺织业，如今现代化的工厂也开始强调社会责任——他们积极倡导可持续发展，弘扬商业道德，投资改善工人的生活和工作环境，并为工人提供全方位的心理健康咨询服务。这些都是重大的积极变化，至少在表面上符合德鲁克“以员工为导向”的主张。

然而，我们也注意到，在中国关于超长工时的讨论越来越多，过劳死随之也在增多。互联网巨头的年轻员工20出头就因为长期压力导致猝死。必须明确的是，我们投资创造舒适的工作环境应该是真正以员工为导向的行为，不应该是为了让员工加班而提供这些条件。

通过贡献使人成长

德鲁克曾明确提出通过贡献来实现个人成长，这是与前面的“责任下移”原则相互关联的。也就是说，管理者可以通过放权，为员工提供更多尝试挑战性任务的机会，以及制定更高的标准来营造一种追求卓越的文化，以此促进员工成长。但挑战并不等于加班和剥削。

鼓励大家积极作贡献能增强员工对工作任务的主人翁意识，也可以让员工在物质收益之外，通过自我实现和满足感获得情感价值。[1]正如德鲁克本人所说，“注重贡献本身就是培养人的强大力量”。[2]

通过培养他人和自我培养使人成长

德鲁克还指出，培养他人和自我培养也能使人成长。[3]管理者有责任

1 Drucker, *The Essential Drucker,* 216.

2 Drucker, *The Essential Drucker,* 211.

3 Drucker, *The Practice of Management,* 187.

培养他人，这很容易理解，但也应该提醒卓有成效的管理者注重自我培养，因为“管理者的任务已不是‘管理’人，而是‘领导’人”[1]。关于更好的自我管理，德鲁克也有一套方法。另外根据《培训》杂志（*Training Magazine*）的一份报告，美国“2018年培训最佳”的125家公司平均用于培训的费用是3 380万美元，占其工资总额的4.33%。还有研究表明，培训工作有助于培养更好的领导者、管理者和团队成员。

精心培训的员工会不会离职？

培养员工，大幅提升他们的业绩，这需要时间、精力和资源。因此，管理者对培养人会抱有关于“投资回报”的担忧。高管们可能担心，精心培养的员工一旦得到了自我满足就会离职。出于这些顾虑，很多组织倾向于雇佣具备所需技能、可以直接使用的“成熟员工”，而不愿意培养现有的员工。

尤其是在人员流动快的互联网企业，如果团队不稳定，培训会很困难。更何况管理者都背负着沉重的关键绩效指标（KPI）压力，希望员工从第一天起就能产生绩效。

事实上，人才培养缺乏人性因素，缺少可持续性，所以优秀员工迟早会离职。正如德鲁克指出的，人是一个组织最重要的资源。具有强烈员工导向并可以成功培养人的组织，其员工忠诚度更高，留存率也更高。[2]更高的员工满意度可以使每个人都专注于如何为组织作出贡献，进而带来更高的顾客满意度。[3]与海底捞以员工为中心的理念类似，美国西南航空公司首席执行官赫伯·凯莱赫也说过：“企业的业务是人。”组织要优先考虑

1　Drucker, *The Essential Drucker,* 81.

2　Bryan Adkins, David Caldwell, “Firm or Subgroup Culture: Where Does Fitting in Matter Most?” *Journal of Organizational Behavior* 25, no. 8 (December 2004), 969–978.

3　Lale Gumusluoglu, Arzu Ilsev, “Transformational Leadership, Creativity, and Organizational Innovation,” *Journal of Business Research* 62, no. 4 (April 2009), 461–473.

让员工快乐，才能让顾客快乐。作为美国被投诉最少的航空公司，西南航空确实以其出色的顾客服务得到了市场的高度认可，并借此取得了财务上的成功。西南航空的成功案例再次提醒有远见的高级管理者：长期、专注的人才培养战略至关重要，如果员工得到了“成长、发展、并通过管理作出贡献的能力”，他们是不会离开组织的。[1]

是不是每一个员工都值得培养?

德鲁克富有远见的以人为本的管理思想改变了传统的管理思路，其中“把每个员工作为一个多面的整体来接受”的概念意味着组织要接受每个员工都是多面的整体，有优点，也有缺点，两方面不可分割。以此观点来看，企业里的所谓“高潜质人才”与其他员工并没有绝对的分别，所有的员工都应该得到培养。企业“人才发展计划”的关键点是要为员工安排最适合其能力的岗位。德鲁克认为，组织中的每一个人都应该得到平等的发展机会和资源，无论他们的具体职位是什么。

5. 每个人都要创新

早在人们还没有开始全面研究创新创业之前，德鲁克就已经明确指出了创新的重要性:“不创新，是现有组织衰落的最大原因。不懂得管理，是新设组织失败的最大原因。”[2]德鲁克认为，创新与管理同样重要。在这个瞬息万变的世界里，我们不可能总在过去的剧本中找到所有的答案，我们需要突破限制去创新。创新不是碰运气，是有方法可以管理的。

创新无处不在，人人都可参与

传统理念中，人类和经济的发展是由技术进步推动的，但德鲁克将创新定义为“经济和社会中的成效”[3]。这就囊括了更广泛的社会、制度和流程

1 Drucker, *The Practice of Management*, 29.

2 Drucker, *The Essential Drucker*, 8.

3 Drucker, *The Essential Drucker*, 278.

创新。它们与自然科学和技术发明同样重要。换句话说，任何行为的改变或日常操作流程的优化都可以是创新。也就是说，为了更好的顾客体验而给客户设置一对一的固定服务专员也是一种有效的流程创新，根据顾客的行为变化提供新的增值服务也是创新。

除了流程或产品创新之外，中国很多企业界人士都非常熟悉的一个概念是商业模式创新。过去几年，中国经历了生活方式的巨大变化，很多都是由生活服务类应用的创新运营模式催生的。例如，《快公司》（*Fast Company*）2019年“对行业和文化影响最深远的企业”排名中，中国企业美团点评名列全球榜首。[1]美团点评是很多中国人每天都在使用的餐饮折扣预订应用。不同于诸多因寻求多元化发展而遭遇失败的案例，美团的成功得益于其公认为“无边界”的商业模式。这种模式的无限延展性令其服务覆盖范围迅速扩大，帮助企业迅速建立了一个几乎覆盖我们所有生活需求的生态体系。不知不觉，我们已经离不开这个应用了。

创新可以发生在我们日常运营的方方面面，我们不能将其局限于研发部门或一小部分高管身上。如德鲁克所说，“我们对创新的定义就决定了它必须是分散的、临时的、自主的、具体的和微观的”[2]。这意味着每个人都应该从自己岗位的角度出发，对团队如何通过创新更好地实现共同目标发表看法。例如，美团的一线客服人员可以用自己的专门知识和独特经验与技术人员及产品研发团队合作，共同创新。这就是德鲁克所说的创新“发生在事件附近”[3]。

营造创新文化，使其富有成效

所有的管理者都知道，生产力是第一要务，而创新是我们提高生产力

1 https://radiichina.com/the-worlds-most-innovative-company-is-chinese/.

2 Drucker, *Innovation and Entrepreneurship: Practice and Principles* (New York: Harper Business, 1993), 135.

3 Drucker, *The Essential Drucker*, 324.

的有力工具。今天，我们看到越来越多的组织已经将创新作为衡量生产力的标准之一，尤其对于研发部门来讲。事实上，波士顿咨询集团2020年一项针对“最具创新力公司”的研究表明，行业创新领军企业的平均创新投资是同行的1.4倍，创新产出是同行的4倍，这一结果与组织的规模无关。[1]然而，创新不会按计划出现，等是等不来的。对于如何培育创新，德鲁克的答案是：基于自己的强项塑造整体创新文化。

如前所述，创新可以存在于组织日常运作中的方方面面，本质问题是如何唤醒每个人的创新精神。因此，管理者需要为组织营造环境，鼓励团队成员将日常工作遇到的每一个障碍和顾客的痛点当作创新的机会。孵化整体创新文化的方法很多，例如不加评判的头脑风暴，以及跨职能的协作、团队合作、信息共享等。但是我们深知，知易行难，或许你在读完本书第一部分的“文化”一章后也有同感。

容许有关创新的风险

创新可能需要迅速地产生原型品，然后迭代，需要承担一定的风险，很多中国互联网企业已经接受了这个概念。他们行动迅速，成果斐然。外卖行业的创新很多，如美团的无人机配送、黄太吉煎饼的豪车配送、饿了么的首席执行官配送和明星配送，等等。虽然并不是所有创新都能成功，但创意背后的创新精神可以让中国的消费者记住这些品牌。其实，这些创新配送服务大多已经停止，因为经济上不可行。

这就引出了创新文化的另一个重要方面——面对不可避免的失败要有复原力。任何创新都有风险，德鲁克也谈到了这一点，他说：“创新是有风险的……然而所有的经济活动在定义上都是高风险的。”[2]但不创新则风险更大。所以管理者要有意识地鼓励成本可控、风险可定义的小变革，长

---

1 https://www.forbes.com/sites/louiscolumbus/2020/06/28/the-most-innovative-companies-of-2020-according-to-bcg/?sh=d9b32012af39.

2 Drucker, *Innovation*, 139; Beatty, *World According to Drucker*, 165.

期积累起来就是大影响，而且还有助于营造创新、追求卓越的文化。

创新要以市场为导向，以证据为基础

虽然我们主张对创新风险要高度容忍，但人类的天性就是要规避不确定性。谈及这个问题，德鲁克进一步强调要始终“关注机会”而不是“关注风险”。[1]他认为创新的机会应该是小的、试探性的、灵活的[2]，而且更重要的是，一定要以解决问题为导向。

我们在日常经营中会遇到无数问题，并不是所有问题都可以转化为创新机会。对于如何恰当地平衡创新的风险和回报，高管们都会在一些时候感到束手无策，这很普遍。正因为如此，德鲁克才力主创新必须贴近市场。[3]这意味着切实了解市场和顾客是一切成功创新的基础——创新必须以市场为导向，以证据为依据。

也是因为这个原因，创新必须以团队合作为基础。在不断变化的市场环境中，要想获得全局性的视野，捕捉到多方面的事实和数据，需要大家共同努力，以及充分的信息共享。例如，如果组织的目标是改善顾客体验，那么我们注意到，中国的很多消费品企业都有一个新的职位叫“首席体验官”。如果一位首席执行官要想做出一些改变，他的第一步是从所有与顾客有接触的部门广泛收集信息，尤其是那些了解问题在哪里、最需要哪些改进才能优化运营和客户管理的一线员工，然后由研发部门确定最佳解决方案。做出改进的决定必须由数据驱动。

出于同样的原因，如德鲁克所说，创新本质上和生产力、绩效一样，都要基于自身优势和知识。[4]由此，中国的高管们应该注意，要把关注点集中在自己最熟悉的业务领域。成功的创新不会凭空出现，在自己的优势

1 Drucker, *The Essential Drucker,* 322.

2 Drucker, *The Essential Drucker,* 274–323.

3 Drucker, *The Essential Drucker,* 324.

4 Drucker, *The Essential Drucker,* 81.

领域发力才更有机会成功。这就是说，简单地为求多元化发展而进入并不熟悉的领域，不太可能带来“知识型创新”。

6. 定期放弃

“一切存在的都正在过时”[1],这不难理解。但人类天性就倾向于抓着过去的成功不放。[2]这种现象不仅适用于历史悠久、企业文化坚实的老牌组织，在个人层面也适用于经验丰富、成就卓著的高管们。当今知识时代，知识瞬息万变，如果我们不去学会系统性的放弃，那么我们所习惯的、过去证明有效的那些经验、技能和工艺都会限制我们的成长。

特别是，如果我们让这些根深蒂固的“成功经验”变成我们组织文化中的规矩，变成成文的工作规范，那么，人们就会不假思索地遵守，不再追问过去有效的东西未来是否依然有效。他们将不会意识到，过去的工作方式可能已经过时，或在当今的环境下不再适用。

因此，放弃其实在为明天的创新腾出空间，为未来不断取得新成功扫清道路。这条原则对于中国这样崇尚儒家文化的社会尤为重要，因为在这样的社会，成功经验、经典教条和资历特别受人尊崇，很难挑战或破除。

要定期放弃

基于前面的各条原则，我们需要通过放弃为创新扫清道路。昨天的决策造成了今天的问题，今天的决策也将不可避免地影响明天。正如德鲁克所言:“管理者的第一要务是要集中精力，努力摆脱已经不再富有成效的过去。”[3]由于时间和精力都有限，卓有成效的高管们遵循“要事优先”，靠考虑怎样做对明天更有利，来做好今天的决策。只有这样，组织才能逐步建立起未来所需的能力。停留在舒适区，生活在过去的成功和过去的问题

---

1 Beatty, *World According to Drucker*, 123.

2 Drucker, *The Practice of Management*, 84-85.

3 Drucker, *The Effective Executive*, 104.

之中，只会限制我们在明天的成长。

因此，与创新类似，放弃也是提高效率和生产力的有效途径。我们每天都在不断积累新的知识和经验，所以放弃也必须是一个持续的“排毒”过程。这种“排毒”不会自动进行，德鲁克认为，需要在组织中有计划地定期进行放弃。“需要重新审视、挑战过去的决定、政策、战略，以证明其在新的挑战中仍是适用的。”[1]

放弃哪些东西是对远见的考验

选择放弃哪些东西其实事关组织对明天的设想。零售行业可能是面对消费者行为改变最多的行业。为零售企业和品牌提供分析工具的Currate公司有位客户成功经理（Client Success Manager）就曾表示，要在这个行业保持领先，就要有能力在趋势出现之前对其作出预测。因此，有远见的高管必具备清晰的未来远景，毕竟对未来趋势的预测通常是自上而下的。

基于组织对未来的预见，高管们可以制定放弃计划，办法就是问自己德鲁克当年的经典问题：“如果还没有这样做，我们现在还会这样做吗？”[2]如果对任何意见的答案是“不会”，就放弃这件事。另外，同促进创新的管理实践类似，收集一线员工的意见也是就放弃计划征求整体看法的有效途径。

7. 从所有利益相关者的角度去衡量结果，而不是过程

传统上我们会有一份行动清单，列出一个个事项，但德鲁克主张行动应该产生结果。如果以结果为导向，我们就要集中精力做能将结果最大化的事情。如德鲁克所言，“我们可以衡量的且应该衡量的就是绩效。”[3]德鲁克创建了一套多元化标准，用于组织和个人绩效，可以指导我们实施这一

1　Beatty, *World According to Drucker,* 123.

2　Beatty, *World According to Drucker,* 125.

3　Drucker, *The Effective Executive,* 86.

原则。

结果是衡量个人和组织的准绳

在个人层面，我们都倾向于强调自己付出了哪些努力，完成了哪些任务。就连很多企业高层在业绩报告中也常常强调这些。但是，并非所有任务都能产生同等的回报，专注结果可以帮助我们确定对不同优先事项的态度。这就意味着，结果导向的管理者必须是考虑周全的决策者，他们必须能够找到效率最高、最能带来生产力的路径。此外，不论是管理者还是员工，都要不断检视自己努力寻求的结果是否与组织需要的整体结果相吻合，这在实践中其实是很难的。正如德鲁克所言，“一个人应该对组织的整体绩效负责”。[1]

德鲁克对组织的定义是“为了产生成果的特殊目的机构”[2]。按照这个定义，如果组织不能产生成果，就是浪费了稀缺的资源。因此，对于组织整体而言，结果是其生存的最终目标，也是衡量其绩效的准绳。我们看到的各类企业排名，包括捐赠排名，都是根据结果产生的，具体指标有产值、成果、社会影响等。

结果要可测量

德鲁克要求结果清晰、明确且可测量[3]，这听起来很容易理解，但是在商业实践中，结果的测量可能是一项复杂的任务，需要来自不同利益相关者的全方位的整体分析。影响一项任务最终结果的内在和外在因素都很多，如何防止员工因为做了很多努力却未能得到想要的结果而灰心泄气，也是个问题。同样，我们还要考虑不同利益相关者对绩效的看法。

总的来说，绩效评估没有一定之规，有些常用的衡量指标很容易获得，例如产生的销售额、节省的成本、节省的时间、更高的质量等。还有另外

1 Drucker, *The Effective Executive*, 53.

2 Drucker, *Post-Capitalist Society*, 53-54.

3 Drucker, *Post-Capitalist Society*, 55.

一些衡量指标关注的是从个人层面，依组织中岗位的不同而不同。如管理者用可交付物作为衡量员工成果的指标，就像与第三方或自由职业者的关系一样。但无论选择哪种衡量标准，员工和管理者的期望都必须保持一致。员工也应该始终充分了解管理者和企业对自己有何期望，以及他们的业绩会如何被衡量和判断。

营造以结果为准绳的文化

做到以结果为导向是一项艰巨的任务，需要一个以结果为导向的整体环境。管理者必须首先转变观念，将关注点放在结果和产出上，而不是关注出勤、工作时长等。这种以结果为导向的管理风格有很多好处，它给予员工自由度和灵活性，让他们对工作任务更加自主。但也需要更多的责任感和责任制度。员工要能够在没有定期监督，也没有上级压力的情况下按时完成任务，这并非所有人都能做到。

但是，结果导向也并不等于没有过程控制。尤其是对于仍然需要指导和支持的新员工或经验不足的员工，这种高度自主的方式可能会带来挑战。而且由于管理者的工作重点从细节指导转移到了达成目标结果的过程监控，因此在工作的全过程中，有效的沟通变得至关重要。所有团队成员必须完全清楚目标是什么，并时刻检视阶段性的工作是否与整个组织的目标保持一致，或是否需要调整。

结果不仅仅是经济收益

当然，总有些工作会更难衡量，而且也并非所有的结果和影响都可以完美地转化为经济收益。在此，我们可以参考德鲁克提出的三个主要绩效指标：扩大组织的直接成果、树立价值观并对其不断强化，以及培养和发展明天需要的人才。[1]尽管盈利能力应始终作为营利机构在市场上立足的主要衡量指标，但德鲁克还是建议管理者也要考虑其他指标，尤其是那些

---

1 Drucker, *The Effective Executive*, 55.

可以为集体带来贡献、创造积极社会影响的也是收益，例如培养人、树立价值观等等。结果导向不应将我们的视野局限于财务数据，我们应该考量各利益相关者所重视的所有结果和影响。

8. 平衡长期和短期结果

“高效的管理者应该可以管理现在和未来。”[1]这意味着，高管要想成功，光是理解当前的情况是不够的，对未来有清晰的愿景同样重要，甚至更为重要。组织要想基业长青就要有效地分配资源，用于增强可持续性，年复一年保持稳定的业绩。

盈利能力是可持续性的基础

很多人都会觉得“盈利能力是企业当前运营和持续运营的首要前提”这一论断是不言自明的。但实际上，在当下和未来都具备盈利能力绝非易事。观察一下就会发现，当今商业社会中许多组织实际上并没有将成本控制和短期营利作为优先事项。特别是那些新的、基于应用程序的生活服务类创业公司，用户数和销量的增长才是其关注的重点，而高昂的营销费用严重影响了它们的盈利能力。他们认为，在当今的商业环境中，企业的生存和成长不再基于短期利润，而是取决于流量、注意力和观看量。流量很贵，但他们相信长远来看，流量最终总会转化为利润。另一方面，许多已上市的独角兽公司也可能经过了数十年仍未开始盈利，但他们也不以为意，仍能不断从资本市场上获得融资。他们的估值一直很高，因为很多投资者相信其未来的高盈利性。在当今全球商界，这样的案例屡见不鲜，许多创业者甚至将这种模式奉为“有远见的榜样”。德鲁克的这条原则提醒我们：或许应该重新思考一下这个主题——组织应该如何更好地平衡短期和长期业绩，尤其是财务业绩？

---

1 Drucker, *The Essential Drucker,* 59.

当然还有其他的衡量指标，例如树立价值观和培养人才，但这些都需要资金支持，而理论上，资金来自盈利能力。正如德鲁克所说："营利性企业的管理责任是具备至少可以对冲未来风险和不确定性所需的最低获利能力。"[1]这句话强调了盈利的重要性。尽管当今许多商界人士已不再相信组织应始终以盈利能力为第一要务才能保持竞争力，但事实是，过去40年中，有三分之一的世界500强企业已经消失了，还有三分之一落榜了，只有三分之一还在。[2]也就是说，如果没有可持续的获利能力，即使是规模庞大的组织也无法轻松对冲未来的风险。

可持续且契合企业的价值观选择需要有所为有所不为

从价值观契合的角度考虑，要作出使企业长期受益的战略选择并不容易。其中的逻辑很简单，很多时候，"商业机会"与我们组织所表达的价值观并不相符，但却能够带来良好的短期回报，这就很难抉择。是选择廉价的原材料供应商呢，还是信守"做负责任生产商"的承诺？这种战略性的选择可能会影响品牌认知和可持续性。

价值观契合度是德鲁克在平衡短期与长期结果方面十分强调的一条原则，后文将做更详细的说明。近年来这方面的例子很多。老牌制造业企业雨润，就未能坚守其在食品行业的优势，耐不住赚快钱的诱惑，将资源错误地转向了房地产开发。很多大型企业都出现了类似的情况，曾经估值数十亿，而今危机重重，甚至已经报出债务违约。德鲁克的这一原则提醒我们，只有坚持与自身价值观契合的战略性选择，才能创造可持续的价值。

成为"敏捷型组织"

为了在短期和长期都实现盈利，组织必须定期重新审视其当前业务的可持续性。前面的原则中已经说过，一个组织今天的业务可能与其未来的

1 Drucker, *The Essential Drucker,* 59.

2 Drucker, Isao Nakauchi. *Drucker on Asia.* Routledge, 2012, 166.

业务，或未来应该从事的业务不同。因此，管理者可以采纳“敏捷型组织”这个概念，即不仅要“时时回顾过去，关注过去的产品和流程”，还要保持前瞻性思维，“通过创新定义未来”[1]。我们看到，尽管中国企业的很多高管每天都在积极寻找新商机，但重要的是要富有远见，要在连续性和变革之间找到平衡，为未来业务作出正确的选择。雨润并不是孤例，除了房地产，我们还看到不少曾经成功的企业盲目涉足P2P网贷等无关领域，很快就一败涂地。我们可以理解这些企业对业务多元化的渴望，他们都希望复制过去的成功，但事实上，像西门子和日立那样成功发展为产业集群的企业寥寥无几。

用“猴子理论”有效分配资源

在变幻莫测的商业界，德鲁克的目标管理框架可以指导企业的一系列内部变革，这又一次需要权衡取舍，重新配置资源。那么，如何才能有效地配置资源，赢得未来竞争，而又不过多地牺牲当前的业务呢？本书作者之一、德鲁克管理学院讲席教授贾沃斯基提出了“猴子理论”。他认为，高管应该分配20%的时间和资源为未来业务做准备，待未来业务实现稳步增长，就可以向新业务投入更多资源，直到足以彻底转型。这就好比猴子在林间跳跃，抓紧第一根树枝（当前业务），荡出去抓住第二根树枝（未来的新业务），抓稳了（新业务开始起飞）才放开第一根树枝。贾沃斯基教授的这一理论为我们提供了转型期的黄金标准——分配时间与资源的“二八原则”。这对于在瞬息万变的市场中保持领先地位很有参考意义。

不管过渡期多么顺利，对整个组织来说，总会有短期损失，而且组织内各部分承受的损失程度往往不同。某些部门和团队在短期业绩上会损失更多，因此会带来内部阻力。因此，为了贯彻下去，需要高管投入大量时

---

1 Charles A. O'Reilly III and Michael L. Tushman, “The Ambidextrous Organization,” *Harvard Business Review,* April 2004, https://hbr.org/2004/04/the-ambidextrous-organization.

间来重新设计短期目标和绩效衡量标准，以鼓励期望的长期变化。此外还要着力确保有效沟通，加强所有人之间的相互理解，使每个人都与组织的共同目标保持一致。

9. 每个人都要践行价值观

德鲁克说："每个组织都需要不断重申其承诺的价值观，这就像人体需要维生素和矿物质一样，因为价值观是组织的立足之本。"[1]之前介绍的德鲁克第一个原则是要制定明确的使命和价值观，而这个原则是践行这个价值观。践行价值观不仅在组织层面上很重要，而且对维持社会的整体运转也很关键。

构建价值观在理念和行为层面都不可或缺

德鲁克说："组织必须有价值观。"[2]而建设价值观也是衡量组织绩效的一个主要标准。[3]虽然不同的组织价值观不尽相同，但价值观一旦确立，组织内的每个人就必须接纳。没有对共同价值观的坚守，就没有企业本身。[4]共同的组织价值观是形成组织文化的根本基础。

所以，在理念上，共同的价值观应该成为所有人的共同信念；在行为上，价值导向的行为应该成为指导人们日常行为的规范。

价值观必须让组织内各个层面的所有人都充分理解。价值观的有效贯彻需要我们将理念上的价值转化为实际行为，以便在组织运作的各方面践行，为日常商业行为提供指引。

价值观导向和绩效导向的两难选择

很多时候，个人价值观与统一的组织价值观并不完全一致。如果高绩

---

1 Drucker, *The Essential Drucker*, 210.

2 Drucker, *The Practice of Essential Drucker*, 223.

3 Drucker, *The Practice of Essential Drucker*, 209.

4 Drucker, *The Practice of Management*, 229-230.

效员工不认同组织的共同价值观，我们应如何应对这种困境呢？德鲁克的观点是，价值观才是“终极测试”，组织一定要以价值观为导向，而不是以绩效为导向。因此，高管应有勇气作出这个艰难但具有战略性意义的选择——即，无法践行企业价值观的员工，即使有高绩效也要请他离开。

这听起来可能有些残酷，也可能带来短期损失，但从长远看这个抉择意义重大。如果一个员工虽有所长，但其长处与价值观体系不符，那么即使他在完成目前任务时表现良好，但这份工作终究无法成为他的毕生追求。德鲁克用自己的个人经历进一步解释过这一点：他曾经在银行工作，虽然有能力出色地完成工作，但那终究不是最符合他价值观的完美工作。[1]

因此，德鲁克建议，尽管个人价值观与组织价值观通常不会完全相同，但至少也要可以“兼容，才能令员工有效地工作并产出成果”[2]。价值观契合是员工信守组织价值观的前提，因此组织必须向所有人清晰表述、有效传达其价值观。员工必须能够理解陈述组织的价值观，唯有如此，价值观才能指导具体工作。

不过，我们也要考虑到，不同的利益相关者对组织的价值观可能有不同的理解。顾客的价值观与股东或其他利益相关者很可能不同，这很好理解。

只做与价值观契合的业务

要塑造一个以价值观为导向的组织，就必须让这个组织从事符合其价值观的事业。不同的组织价值观可能侧重点不同，德鲁克鼓励组织“做正确的事”，从事符合伦理道德的事业。管理者有责任设定正确的目标，引领组织进入正确的行业。正如德鲁克所说，“管理者的决策必须基于什么是正确的，而不是仅仅是可接受的。”[3]

---

1 Drucker, *Essential Drucker,* 223.

2 Drucker, *Essential Drucker,* 223.

3 Drucker, *A Functioning Society* (New York: Routledge, 2003), 328.

有些人可能会问，做“与价值观契合的事”是否意味着只能从事对社会负责、产生积极社会影响的业务。德鲁克指出，“组织盈利与履行社会责任不矛盾”。对社会负责的同时也可以盈利，我们将在下一个原则中详细阐述。

坚持以价值观为导向的行为

价值观是指导组织前进的北极星，也是适用于所有业务部门的统一的行为准则。正如德鲁克所说，一旦组织明确定义了其价值观，就应该“避免做不符合其价值体系的业务……否则会造成损害而不是获得良好的回报”[1]。坚持以价值观为导向的行为需要一群志同道合的员工，对组织的价值观态度积极、热情，充满使命感。员工需要了解共同的价值观与其日常行为有何联系，这样他们才能将价值观融入行为，而不是停留在口头上。

例如，如果一个组织以“创新”为优先事项，实际上却仅有小型研发团队且不对其研发工作积极投资，那么，高管就要重新考虑并讨论如何让企业的行为与其价值相协调。以特斯拉为例，特斯拉宣称其核心价值观包括“做到最好、承担风险、尊重、持续学习和环保意识”，他们也的确以此为原则行事——他们致力于通过不断的创新和技术进步成为市场引领者。

10. 展现社会责任

德鲁克是社会问题的重要思想家之一，社会责任在他的著作中一直作为一个关键点。“功能社会”就是德鲁克的主要目标之一，也是他提出的最著名的概念之一。

无论一个组织是营利性企业、政府机构，还是非营利组织，要运行一个功能社会都需要有效的管理。因此，在德鲁克看来，社会责任是一种管理责任，而不是商业责任。[2]

1　Drucker, *The Essential Drucker*, 60.

2　Drucker, *The Essential Drucker*, 55.

在社会责任方面，德鲁克倡导全球意识，因为他认识到有“一种新的、创造社会价值和信仰的商业需求”，而这个世界最需要的产品就是一个良好的社会。[1]德鲁克的许多创新管理理念都是为了解决社会问题而提出的，如我们熟知的目标管理和去中心化。

管理社会影响，也要管理社会问题

德鲁克明确区分了社会影响和社会问题。组织的社会影响，是其日常运营的副产品，它代表的是，企业对社会做了什么。一个组织可以对社会产生积极影响，也能产生消极影响，这种社会影响超越了实体的产品和服务。例如，电动汽车制造商为这个世界带来的不仅是出行便利，还有更清洁的空气；而一家纺织厂除了给我们带来时尚的生活方式外，也可能会产出工业废物。

负面的社会影响也需要妥善应对，因为这可能是新的商业机会。如若不然，最好将其完全消除。可以想想特斯拉的使命：“加速世界向可持续能源的过渡”，而特斯拉的成功也正来源于它为了消除传统机动车对环境的负面影响而做的努力。

还有一些社会问题，代表的是组织可以为社会做些什么。这些问题的存在是因为社会本身出现了“政府机能失调”[2]，如教育、医疗、社会不平等，等等。

德鲁克提出，“社会影响和社会责任都必须得到管理”[3]。组织要对因其自身的运作而产生的社会影响负全部责任，这是可以理解的。[4]但无论社会问题因何而起，企业作为社会的器官都承载着“特定的社会手段和目的”[5]。如德鲁克所言，“即使造成这些社会病的原因不是组织管理造成的”[6]。

---

1 Drucker, *The Practice of Management,* 319.

2 Drucker, *The Essential Drucker,* 51.

3 Drucker, *The Practice of Management,* 325.

4 Drucker, *Post-Capitalist Society,* 102.

5 Drucker, *The Essential Drucker,* 14; Drucker, *Management,* 30.

6 Drucker, *The Essential Drucker,* 52.

在各个层面履行社会责任

社会责任作为一种管理责任，存在于组织的各个层面。它不能只是某一个部门的任务，也不能完全落在少数高级管理者的肩上。承担社会责任不是简单地做慈善，它要求管理者明白，社会责任存在于其所触及的“任何人、任何事”。正如德鲁克所说，“在一个道德的社会中，公共利益始终寄托在个人的德行之上”[1]。

社会影响可以很复杂，但有效识别和预判这些影响是管理者的任务之一。有些影响是有意为之，有些是无意的；有些是我们所希望的，有些是不希望看到的；有些是预见到了的，有些是没有预见的。如果我们发现某些社会影响是我们不希望的，就要策划一些活动去消除它，或者增强我们希望施加的影响。

使社会更美好是任何组织健康成长的前提，这也符合管理层的自身利益。[2]我们需要一群志同道合、有共同目标的人，每个员工都应该在其岗位上承担一部分责任，为实现整体的社会责任目标作出贡献。履行社会责任要靠组织内各个层级的集体努力，是一个长期持续的过程。

善者常富还是富者常善

组织与社会的关系是一荣俱荣，一损俱损：如果社会“生病”了，无法正常运转，作为社会一分子的组织也可能受到影响。德鲁克预见到社会对有强烈社会责任感的组织的需求是不断上升的[3]，这是因为我们的社会需要发展得好的组织行善。只有每个人都为社会作出了贡献的时候，组织和个人才能享受到社会的回馈。

虽然要求每个人主动选择为社会作贡献表面上看似乎不太现实，但其

1 Drucker, *The Practice of Management,* 339.

2 Drucker, *The Essential Drucker,* 52.

3 Drucker, “The New Society of Organizations,” *Harvard Business Review,* September–October 1992, https://hbr.org/1992/09/the-new-society-of-organizations.

实许多所谓社会回馈其实是作为公共产品的生活必需品，例如，清洁的空气、更好的环境等。从这个角度来看，我们每个人对这些社会问题的贡献都是人类可持续发展的必要条件。而其他类型的社会回馈，例如和谐的人际关系和业务关系、具备更出色的技能、身心更健康的未来员工，这些也都是组织成长和成功所必需的要素。

如果一个组织仅追求利润最大化而忽略其社会职能，那么这一原则会极具挑战性。虽然盈利是组织的首要责任[1]，但却不是最终目标。盈利应该是行善的结果。此外，获利、价值观、社会贡献并不互相矛盾，很多杰出的企业都在履行社会责任的同时获得了可观的经济收益，如特斯拉、星巴克、巴塔哥尼亚等。

事实上，德鲁克强调，履行社会责任并不局限于志愿服务或慈善捐款。如果有远见的管理者能够有效解决某些社会问题，这些问题反而可能会转化为有利可图的商业机会。例如埃隆·马斯克的企业，无论是之前的特斯拉还是后来的超级高铁和太空探索技术（Space X），其实都是他对具体社会问题的更高效解决方案的探索。当然，这是对组织的更高层次的要求，是需要创新和远见的。

除了开发新商业机会以外，履行社会责任还会给组织带来其他诸多好处，也就是所谓的善者常富。很多社会责任活动能够展示组织的价值观，如果价值观能与顾客产生共鸣，就会对品牌认知度和公共关系产生积极影响，从而提升顾客忠诚度、保持市场份额，进而增加财务收益。

践行社会责任的“度”

德鲁克是讲求实效的，他没有忘记，组织在发挥其功能、履行其责任、寻求解决社会问题时，也应注意一些限度。德鲁克称之为“善行有界”。

在个人层面，虽说每个人都应承担社会责任，且个人价值观应与组织

---

1 Drucker, *Post-Capitalist Society,* 101.

价值观协调一致。但从个人道德水准的角度来看，不应强迫人们在职场之外、不代表其组织的情况下参与社会活动。

在组织层面，组织必须专注方可高效。[1]如果组织参与的活动与其价值观不符，或超出其权力范围，又或其在知识和资源上力所不逮，即使这些活动是对社会负责任的活动，但参与这些活动可能影响组织的日常运作，而这本身就是对社会的不负责任。[2]

德鲁克的各项管理原则，如结果导向、衡量绩效、促进创新、专注于自身擅长且符合价值体系的业务以求高效，等等，仍应作为指导组织改进其社会责任行为的重要原则。

---

1 Drucker, *Post-Capitalist Society*, 43.

2 Drucker, *The Essential Drucker*, 63.

第八章

儒家学说概述——儒家思想在管理学应用中的十项原则

CHAPTER EIGHT

传统儒家价值观在中国人的日常行为和决策过程中所起的作用，可能比你意识到的更为显著，无论是有意识还是下意识。儒家思想作为一种“实用生活哲学”，其目的是改善人们的价值体系，重塑其行为，以达到最终的社会和谐。

无论你是否意识到这一点，传统儒家价值观在中国人的日常行为和决策过程中所起的作用比你认为的更为显著。这些价值观是中国文化遗产的一部分，一代一代传承到今天，而且根深蒂固，我们甚至意识不到它对我们的影响。人们的职场行为和决策[1]也受着儒家思想的影响。儒家思想作为一种“实用的生活哲学”[2]，其宗旨是**提升人们的价值体系，重塑其行为，以最终实现社会和谐**，这与德鲁克的“功能社会”的概念相似。

在漫长的历史发展过程中，儒家学说从来不是静态的体系。它经历了数次重大变化，形成经典儒学、程朱理学和新儒学三个阶段[3]。它吸收了道家、法家等其他中国哲学思想的核心理念，孟子的著作、佛教经典等在儒家的原则和框架中都有体现。[4]时至今日，最广为人知并被广泛接受的儒家思想可能是基本的“五常”——仁、义、礼、智、信。[5]它们至今仍是中国和其他许多亚洲国家职场和个人生活中奉行的重要准则。

但是，今天的很多人可能会觉得理解儒家著作很难，甚至毫无意义。除了因为语言的巨大变化可能造成的理解偏差外[6]，有些内容似乎也很难与

---

1 Jia Wang, Greg G. Wang, Wendy E. A. Ruona, and Jay W. Rojewski, “Confucian Values and the Implications for International HRD,” *Human Resource Development International,* no. 3 (2005): 311-326.

2 Raju, *Comparative Philosophy,* 103.

3 在其发展过程中，有三个主要的历史时代：经典儒学（汉代以前）、程朱理学（宋明时期发展）和新儒学（二十世纪以来发展）。

4 Thomas A. Wilson, “Genealogy and History in Neo-Confucian Sectarian Uses of the Confucian Past,” *Modern China,* no. (January 1994): 3-33.

5 除“五常”外，其他重要的道德还有忠、孝、节、义等。

6 包括《论语》在内的儒家经典著作都是用古文写成的，有其历史语言特定的时代背景，与现代汉语不同。一些儒家术语在现代国际儒学研究中有多种英译同样被接受和普遍使用。

现代生活联系起来。然而，我们观察到，人们对这方面话题的讨论和兴趣日益高涨。例如，人们会探讨传统文化价值观在今天还适用吗？儒家学说对中国的管理重要吗？儒家学说与我们每天研究和实践的西方管理理论是否兼容？

一定程度上，这是因为我们发现，现有的关于儒家学说应用于现代管理的研究大多局限在商业伦理领域。因此，我们缺少一个将儒家学说应用于更广泛的管理领域的系统性框架。然而，作为中国古代几千年来一直用来指导日常生活的实用哲学[1]，我们认为儒家学说中的原则可以在商业领域得到更广泛地应用，也可以为现代一般管理理论带来启发，尤其是在中国这样深受儒家文化影响的商业环境中。

当然，**理解和应用儒家原则可以有多种角度**。考虑到当今中国大多数组织采用的是源于西方价值观的管理理论，所以要使儒家学说这种历史悠久的哲学思想在跨文化环境中与当代管理理论框架相结合，我们尝试以一种适合管理学的方式提炼和阐明其核心原则。因此，我们挑选了几位在西方得到广泛认可的儒家学者的著作，从中总结了十项最具代表性的儒家一般原则。此外，我们还为这些原则加入了新的意义和解释，从而体现时过境迁所带来的变化。随后，我们将这些思想扩展到当代商业环境中，以阐述其对今天管理专业人士的启示。我们希望这一方法能为今天的中国工商界人士提供一个新的学习视角，**看看从西方的角度是如何理解儒家学说及其应用的**。此外，我们还希望通过这些原则的学习，更好地帮助你理解存在于潜意识中的某些儒家思维模式是如何影响你的商业决策的。我们的目标是**帮助你更好地在一个儒家文化的社会中实践德鲁克管理理念等西方管理理论，实现卓有成效的管理。**

1　Yi-Pao Mei, *Motse, the Neglected Rival of Confucius* (London: Arthur Probsthain, 1934), 23–25; Raju, *Comparative Philosophy*, 97.

十项原则

1. 有德的行为成就和谐社会

与德鲁克高度重视人的因素一样，儒家学说也是以人为本的哲学。它非常注重内在自我，讲究修身。修身的目的是通过不断地反思、实践和评估成为一个君子。虽然修身是毕生追求，但孔子相信人性本善[1]，每个人通过不懈努力都有机会成为君子。这与先前所述的德鲁克的“以员工为导向”的原则相一致，所谓的“高潜力员工”和组织中的其他员工没有根本区别，每个人都可以进步和成长。

如果每一个人都能做到品行端正、修身养性，成为君子，那么他们就能进而齐家、治国、平天下，直到超越国界，通过集体的努力成就社会和谐。[2]这与德鲁克提出的管理的四个层次不谋而合——管理自己、管理团队、管理商业组织，最后创造一个功能社会。

玉不琢不成器，人不学不知道

孔子把君子描绘为“君子义以为质，礼以行之，孙以出之，信以成之”。这个定义要求多种核心美德共同实现“义”，而这些核心美德就是修身的根本基础。这与德鲁克的一个著名观点异曲同工：“组织需要价值观，就像人体需要维生素和矿物质一样。”[3]

虽然孔子说：“君子坦荡荡，小人[4]长戚戚。”无论我们多么了解修身的必要性[5]，它仍然是一项艰难的任务，对此《论语》中有一个著名的引申比

---

1 Roger T. Ames, Henry Rosemont, *The Analects of Confucius: A Philosophical Translation* (New York: Ballantine Books, 1998), 15.

2 Wang, Lei, Heikki Juslin. “The Impact of Chinese Culture on Corporate Social Responsibility: The Harmony Approach.” *Journal of Business Ethics* 88 (2009): 433–451.

3 Drucker, *The Essential Drucker*, 210.

4 小人也译为“petty man”，与“君子”相对应，代表了所有相反的、品行不端的性格特征。

5 Wang, Lei, Heikki Juslin. “The Impact of Chinese Culture on Corporate Social Responsibility: The Harmony Approach.” *Journal of Business Ethics* 88 (2009): 433–451.

喻:“如切如磋，如琢如磨”[1]，重塑一个人的心态和行为是一个非常耗时且艰难的过程。

利用内在的动力结合外部环境的支持

代入到组织环境中，修身可以解释为自我成长和自我管理。虽然现代组织充分重视培养人的重要性，但实际上，要塑造一种强有力的文化是需要时间的，而且组织变革常常会遇到阻力。

这是因为，正如儒家讲的，健康和谐的外部环境可以促进修身。同样，只有当所有组织成员一同修德时，才能实现社会的整体进步。因此，我们看到德鲁克不仅提倡自我管理和个人成长，也建议组织承担起培训和培养员工的责任，他所说的员工的成长是管理者最重要的工作——这就是儒家所说的将“璞玉”打磨成“美玉”的修身过程。与此类似的情境是，在一个崇尚儒家文化的家庭里，父亲有教子的责任。

对孔子倡导的和谐的外部环境提供基本支撑的重要美德是“仁”[2]。仁是“德中之德”[3]，是儒家思想的基石。仁者爱人，类似于今天讲的利他主义。从孔子的角度来看，如果一个人能够做到“仁”，心甘情愿地为他人付出，他就应该像《论语》中描述的那样，“仁者先难而后获，可谓仁矣”。[4]如果一个组织能够塑造出这样一种仁的文化，就能形成一个激励个人不断提升道德水准的环境。

同时，我们也不能忽视个体的努力。每一个员工都必须心甘情愿地致力于修身，即自我发展，而不能被动等待组织的培训和他人的主动分享来提升自己。程朱理学代表人物程颐[5]就意识到了坚持修身的难度，认为

1 Van Norden, *Chinese Philosophy,* 134.

2 Tao, Cui, Guo Qiyong. “The Values of Confucian Benevolence and the Universality of the Confucian Way of Extending Love”, *Frontiers of Philosophy in China* 7, 1(2012): 20–54.

3 Wang, Juslin, “The Impact of Chinese Culture,”433–451.

4 Confucius , Slingerland, *Essential Analects,* 69.

5 程颐，北宋理学家、教育家。

修身的动力应该来自内心。如他所言，“视听言动由乎中而应乎外，制于外所以养其中”[1]，这就是说个人必须有强大的意念来主动约束自己的行为，不能靠别人强迫。德鲁克认为，组织内的每个人都要有内驱力，都应是贡献驱动型的、负有责任且勇于担当的人。

这并不是说我们可以完全依赖员工自己的内驱力和文化的影响，我们还需要物质激励体系作为手段。在古代中国，选择价值导向能够得到的回报是社会地位的提升和受人尊敬，不被出身和职业所定义。在今天的组织环境中，可以替换为晋升或荣誉奖励。

人人都要修身，不分职位和等级

修身要求个人不断努力反思、实践和评估，儒家主张，无论处于哪个社会阶层，这是每个人与生俱来的责任和义务。[2]正如王阳明[3]提出的，社会阶层不应该成为阻碍一个人成为君子的理由，我们也不应该让社会地位限制了一个人实际的道德价值。诚然，所有的职业、角色和职能都应该以价值为主导。如今，如果我们把一个组织看作一个小型社会，营造和谐的组织文化需要集体努力。不管是高层管理人员还是业务人员，在思想和行为上都应该遵循同样的德行标准才公平。

历史上，中国古代的企业家社会地位比其他受过正规教育的人（如官员）低，那些遵循儒家原则、从商有德的商业精英可以赢得人们的尊敬，他们被称为“儒商”[4]。这与今天遵循德鲁克管理思想的“德鲁克追随者”和“德鲁克型企业”有异曲同工之处。

即使管理者或同事无德，也不能成为员工效仿错误榜样、放弃修身的

---

1 Confucius , Slingerland, *Essential Analects,*104.

2 Confucius, *The Essential Analects: Selected Passages with Traditional Commentary,* trans. Edward Slingerland (Indianapolis: Hackett, 2006), 69.

3 王阳明，明代哲学家、教育家，“阳明心学”创始人。

4 Wang, Juslin, “The Impact of Chinese Culture,” 435; Samiul Hasan, ed., *Corporate Social Responsibility and the Three Sectors in Asia* (New York: Springer, 2017), 22.

借口。如孔子所言："克己复礼。非礼勿视，非礼勿听，非礼勿言，非礼勿动。"[1]人应该以行动反对无德行为，支持组织的价值观。

组织也需要修身，履行社会责任

从更广的角度来看，如果我们把和谐社会看成组织所处的外部环境，那么社会中的每个组织都有责任修身，从而为整体社会作出贡献。这类似于今天的企业社会责任的概念，即组织本身和组织中的个体都应积极参与对社会负责任的活动。例如，因为深知环境可持续性至关重要，为了体现其承担环境责任的承诺，中国工商银行于2012年成为首家加入联合国全球契约的中国商业性银行。同时，为了更好地支持有利于社会的绿色项目，工商银行还推出了多种可持续融资方面的绿色产品，其认证气候债券是伦敦证券交易所上市的最大绿色债券。这一当年富有远见的商业决策与今天大力提倡的碳达峰、碳中和不谋而合，正是一个企业基于对方向性的把控，令企业在积极贡献社会的同时也从社会环境中获益的典型案例。

除了"仁"之外，儒家学说的另一个核心"义"也在维护社会和谐方面发挥了重要作用。"义"是指能明辨是非，选择做正确的事。它被认为是中国价值体系中驱动企业履行社会责任的主要力量。[2]在商业环境中，"义"作为一种理论依据，使组织根据社会利益做正确的事。例如，今日头条提供的失踪人口信息服务——"寻人"就是一个很好的例子。组织以义为先，利用技术能力做正确的事，这不局限于传统捐赠等方式。2016年至2019年，这个项目已帮助12 000个家庭找回了失踪的老人孩子，全家团圆。调查显示，失踪者中有72%都存在某种形式的记忆力减退。这个案

---

1 Confucius and Slingerland, *Essential Analects,* 104. 原文出自《论语・颜渊》：颜渊问仁。子曰："克己复礼为仁。一日克己复礼，天下归仁焉。为仁由己，而由人乎哉？"颜渊曰："请问其目。"子曰："非礼勿视，非礼勿听，非礼勿言，非礼勿动。"

2 Wang, Juslin, "The Impact of Chinese Culture," 433–451.

例展示了今日头条有能力明辨是非，选择做正确的事。

除了对社会负责，努力争取社会和谐外，这一原则还可以解释为组织与其外部环境和谐共存，即组织的日常运作对社会无害。例如，尽力避免竭泽而渔的生产方式，融入自然[1]，减少市场中的破坏性竞争，不从事对环境不利的活动，或尽量减少不良副产品的产生等。[2]这些与我们在德鲁克的"展现社会责任"原则中所讨论的内容非常相似。我们看到，现在中国各个行业都在强调可持续发展和"绿色"概念，建筑行业推崇绿色建筑、采矿行业积极采用环境友好型采矿技术、消费品行业限制塑料制品的使用，这些其实都很好地践行了儒家和谐社会的原则。

当然，这一原则还可以有许多其他的解释和应用。但关键是要体现通过个人和组织层面的修身来实现整体利益，使企业以无害的方式融入更广泛的社会。这呼应了上一章中德鲁克"展现社会责任"的原则。

2. 要德治，不要靠惩罚

孔子相信"道德法则的普遍存在"[3]，他主张每个人都有追求道德的天然内在动机，提倡德治比通过刑罚来治理国家更有效。遵循这一原则意味着组织要以道德教化为先，把价值观教育放在首位，明德慎罚，允许员工犯错，引导他们改正错误，吸取教训。

德治的前提：对道德的承诺

德治若要有效，就要以德配天，人必须致力于德。孔子认为人生来具有仁爱之心，有教无类。人本能地倾向于有德。这就是说，要假定每个员工都愿意了解组织的价值观，并按其行事。他们不仅学习德的概念，还会

---

1 Neal M. Ashkanasy, Celeste P. M. Wilderom, and Mark F. Peterson, *The Handbook of Organizational Culture and Climate* (Thousand Oaks, CA: Sage Publications, 2000), 420.

2 Ashkanasy, Wilderom, and Peterson, *Handbook,* 420.

3 Moore, Philosophy and Culture, 667.

在工作中实践它。

因此，组织要做的第一步是明确定义和阐述其所期望的价值观和行为准则。接下来，组织必须与员工沟通，告诉他们应该学习什么，教导他们接受正确的价值观，直到每个人都完全理解并接受。孔子将此类“德行”称之为“礼”，儒家的礼原指的是为人们学习和实践而设计的一种礼制规范，其目的是塑造社会规范。今天我们可以理解为现代组织仪式。

如发生了违背“礼”的无德行为，另一个核心道德“义”就会发生作用，用分辨是非的能力作出正确的选择。“义”又与廉耻相关。[1]在个人层面上，“义”能让人为自己的不当行为感到羞耻，不需要动用刑罚便可以制止他们不再继续错误的行为。而在组织的层面上，义是通过唤醒员工个人的主动纠错机制而使组织可以更加包容。孔子说，“道之以政，齐之以刑，民免而无耻；道之以德，齐之以礼，有耻且格。”[2]

个人价值观和组织价值观始终保持一致

孔子说:“为政以德，譬如北辰，居其所而众星拱之。”[3]这再次强调了要做“有德”的决策，而所谓“有德”是指要与“北辰”，即北极星的方向时刻保持一致。在古代崇尚儒家思想的社会中，用一套统一的道德观来治理国家相对容易，但要想在今天复杂多变的环境中依然要求员工接受统一的价值观，显然不太现实。

在今天多元化的社会中，个人的价值体系是动态变化的，而且短时间内就会发生变化。[4]现代组织行为学认为，个人价值观的发展会因个人生活经历、外部环境变化[5]以及个人对环境的看法而有所不同。[6]在古代相

---

1 Raju, *Comparative Philosophy*, 116.

2 Confucius, Slingerland, *Essential Analects*, 4.

3 Confucius, Slingerland, *Essential Analects*, 4.

4 Ashkanasy, Wilderom, and Peterson, *Handbook*, 442.

5 Ashkanasy, Wilderom, and Peterson, *Handbook*, 442.

6 Seligman, Katz, 1996; Ashkanasy, Wilderom, and Peterson, *Handbook*, 39.

对封闭的经济社会中，人们生活经历有限，想法趋同，而今天的组织必须包容多样的个人价值观，只要其与组织的整体价值观能够兼容即可。

个人价值观与组织价值观的协调统一是一个双向选择和匹配的过程。这可能需要时间，通过奖励晋升、表达肯定可以成为推动这一过程的有力手段。例如，让价值观驱动型的员工走上实权岗位，为其他人作榜样，也可以用师傅带徒弟的方式在组织内部推广组织的价值观。这些都是已被实践证明行之有效的方法。例如，华夏基石管理咨询公司就有一套基于行为的价值观考核体系，作为晋升的依据。宝洁用3项素质、9大技能、27个行为锚作为选聘新员工的工具，如果应聘者发现个人价值观与组织的价值观不相符，就应该转投其他价值观更契合的组织。

惩戒是加强德治有效性的最后手段

尽管致力于德是德治的前提，但儒家许多道德都是相对笼统的原则，不是具体明确的规则。所以，除了一些比较容易标准化并严格执行的安全规范或程序外，组织很难将概念性的价值观与日常行为关联起来。总体上，人们很可能觉得儒家的原则和价值观在实践中很模糊，特别是在面对不断变化的环境或复杂的问题时。[1]例如方太集团在尝试德治的过程中就遇到过不少的挑战。[2]

虽然孔子将道德置于惩戒之上，但他并没有完全放弃刑罚，只是将其作为管理的最后手段。进一步讲，德治并不意味着组织可以忽视必要的规章制度，工业经济中有效治理的标志之一就是统一优劣的标准，确保公正的评价，以维护治理体系。事实上，执行规则与德治并不矛盾，现代组织文化理论也强调价值观优先，例如，《组织理论》一书中说："鉴于文化在

1 Wei-Bin Zhang, *Confucianism and Modernization: Industrialization and Democratization in East Asia* (New York: Palgrave Macmillan, 1999), 37.

2 周永亮、孙虹钢，《方太儒道》（机械工业出版社，2016年）。

组织中所起的作用，对价值观的善加利用可以强化组织的合法性。”[1]

儒家道德在当代组织中的协同作用

在现代组织中，德治的作用方式类似于价值观，用道德作为整体组织文化的基本组成部分。推广价值观能指导人们的行为，让人们明白“我们在这里是如何做事的”[2]。拥有令人信服的组织价值观可以引导日常工作决策（“智”）[3]，激励员工做出理想的行为（“礼”）而令无须惩戒（“义”），并以此为据安排自己的工作重点[4]。如此则可在组织内营造出价值观驱动的（driven）、高度包容的仁爱文化（“仁”）。随着组织的价值观和文化不断发展，高管和员工都将更有动力去持续修身，推进德治。

3. 要做正确的事，不要单纯追求利润

这个原则不是要反对谋利[5]，只是建议人们做正确的事，不要计较得失。[6]这个原则提供了理由和动力，为如今的各种组织能按照自己的目标作正确的选择，做有利于社区整体繁荣的事，而不是只追求自身的利润最大化。这是因为这条原则是与“义”联系在一起的，它让人们作出正确的选择，以价值为优先，例如，选择远离有利可图但不甚道德的业务或有害的行为。正如孔子所言：“君子之于天下也，无适也，无莫也，义之与比。”

---

1 Mary Jo Hatch, *Organization Theory: Modern, Symbolic, and Postmodern Perspectives* (Oxford: Oxford University Press, 1997), 36.

2 Lee G. Bolman, Terrence E. Deal, *Reframing Organizations: Artistry, Choice, and Leadership* (San Francisco: Jossey-Bass, 1991), 263.

3 Warren H. Schmidt, *Managerial Values in Perspective* (New York: American Management Associations, 1983); David J. Fritzsche, “A Model of Decision-Making Incorporating Ethical Values,” *Journal of Business Ethics,* no. 11 (November 1991): 841–852.

4 Ashkanasy, Wilderom, and Peterson, *Handbook,* 442.

5 Raju, *Comparative Philosophy,* 107.

6 Moore, *East-West Philosophy,* 411.

君子爱财，取之有道

“君子喻于义，小人喻于利。”[1]孔子这句话被很多人误解为钱财是庸俗的，应该蔑视。尽管今天的人们已经意识到这是一种曲解，但这种观点仍有其影响力。其实，“小人喻于利”指的是以逐利为动机的行为，而不是利益本身。[2]换句话说，儒家强烈反对的是以不道德的行为谋求自身利益的最大化，对经商本身是不反对的。

然而，将商业利益与小人之间的错误关联，不仅在历史上对企业家的社会地位产生了负面影响，而且至今仍在影响人们的思维方式和行为方式。在奉行儒家文化的社会中，人们无论是在生活中，还是在商业活动中都羞于谈钱。如今，尽管企业家已经在社会上受到广泛的尊重，不愿明确直接地谈钱有时还是会在员工和雇主之间或商业伙伴之间造成误会。

“义”也经常与轻视联系在一起[3]，认为明知是错事还要去犯错的人应该被鄙视。德鲁克也主张“不故意伤害”应该成为职业道德和公共责任的基本准则。[4]那么按照这一原则，不良商人应该感到羞耻并被他人鄙视。在古代，商业决策主要以个人声誉为依据，类似今天基于个人数据的信用系统，这种广为接受的社会认知对促进商业世界的健康发展具有积极的社会意义。

有德的动机引领我们作出长期的“正确选择”

作出“正确的选择”，坚持有德的行为，不把谋利摆在高于其他人生目标的位置，这也要靠人自身的驱动力，而不是外力强迫。虽然物质利益

1 Confucius, Slingerland, *Essential Analects,* 12.

2 Christopher Adair-Toteff, “Max Weber on Confucianism versus Protestantism,” *Max Weber Studies,* no. 1 (January 2014): 79–96.

3 Van Norden, *Chinese Philosophy,* 149.

4 Drucker, *Management: Tasks, Responsibilities, Practices* (New York: Harper & Row, 1973). 2500 年前，古希腊医生希波克拉底在《希波克拉底誓言》中明确规定了专业人员的首要责任，“最重要的是，不故意造成伤害”。

也是一种动机，但正如德鲁克所言，利润是创造价值带来的结果，不是企业的主要动机或唯一宗旨。当年的三鹿毒奶粉事件就是惨痛的教训，它告诉组织要以价值观为主导，而不能以利益为先。

在德鲁克看来，组织通过持续地提供价值来获取充足的利润，那是“道德的”，对社会负责的。但如果为了自身利润最大化而向消费者提价，或使用劣质原材料压低成本——例如在新冠肺炎疫情期间，有些人为牟取暴利出售劣质口罩——这种行为按照儒家的原则就是“不道德”的，应受到谴责。

“义”帮助人们作“正确的选择”，即使面对巨大的诱惑也能自觉不做错事。[1]这对于观念和行为都适用。也就是说，如果一个人在观念上是逐利的，即使他没有明显的不当行为，也没有造成有害的后果，在孔子看来仍然是不道德的。

孔子云“君子怀刑，小人怀惠”[2]，这并不是说穷才是德，“正确的选择”应该得到物质利益的回报。例如，在中国古代，农业经济以家庭为基本的生产单位，生产活动中，人与人之间的相互依赖程度高。因此，那些能够按照社会期望作出适当选择的人会与他人建立健康的关系，长期来看对其经济活动有利。而如果一个人为了私利放弃道德，特别是，如果他损人利己，他就会给全家丢脸。在封闭的经济环境中这很可能伤及家庭的长期利益。因此，这条原则是很实际的：既建立了奖励制度，也通过让选择做错事的人付出代价而建立了惩罚制度。正如孔子所言：“放于利而行，多怨。”[3]

要有明辨是非的智慧

组织要作出“正确的选择”，就非常需要掌握信息和知识用来判断什么是正确的，什么是错误的。这与具备选择正确行为的动机同等重要。虽

1 Van Norden, *Chinese Philosophy,* 42.

2 Confucius, Slingerland, *Essential Analects,* 85.“君子怀德，小人怀土；君子怀刑，小人怀惠”，即：君子关心的是德行规范，小人关心的是产业利润。君子心中想的是法，小人心中想的是侥幸。

3 Ames, Rosemont, *Analects of Confucius,* 91.

然在当今多元化的世界里，要对是非做出统一的定义已经不可能，但这条儒家教义的重点在于，思想应该以德为导向，而不是被利驱使。[1]

知道何为正确与“智”有关。对于组织而言，“智”可以理解为对所有可能的战略选择进行考量的依据，包括组织价值观、商业目标（如利润、价值等），等等。这与德鲁克的平衡长期与短期结果这条原则相似。组织要坚持德性实践和价值观，就常常需要牺牲短期利益来追求长期目标。因此，在商业领域，知道“什么是正确的”指的是组织要有对“做什么业务”和“如何做业务”的正确认知。也就是说，要认清“道德的”目标，即那些必须达成的使命和宗旨，然后用符合伦理道德的做法来积累光明正大的利润。

克己

孔子也承认“利”是一种基本需要，欲望也是人性的一部分，组织当然也有营利的欲望。正如德鲁克所指出的，获得可持续的利润是组织的责任。尽管对“正确的事”的定义会随着时间而变化。但是，我们也注意到，在今日的世界，有种愈演愈烈的趋势是，将贪欲和利润最大化作为经商成功的必要因素，正如电影《华尔街》中说的，“贪婪是好的”。然而贪婪并不总是好的。2019年的几个“首负”的案例就很能说明问题。“园林女皇”何巧女、致力于打造“中国的施华洛世奇”的新光饰品周晓光都败在了贪欲带来的盲目扩张上。

实际上，贪欲增长得极快。所以，孟子说：“一个完全正义的人认识到，不管是接受大额贿赂还是小额贿赂，其本质一样可耻。”[2]意思是，德是绝对的，它不以利的大小为转移。[3]

早在两千多年前，孔子就关注到了“利”与贪欲之间的密切关系，他

---

1 Confucius, Slingerland, *Essential Analects,* 69.

2 Lai, L., Dong, P., Liu, Y. and Chen, X.(2018) On Mencius' Key Philosophical Term: Yi C-E Translation in the Perspective of Reception Theory. *Chinese Studies*, 7, 277-285.

3 Van Norden, *Chinese Philosophy,* 84.

提醒人们注意利益驱动的思维方式，倡导克己，也就是克制自己的贪欲。事实上，如果放任贪欲自由生长，在个人的层面上，员工可能会失去廉耻心，牺牲他人利益谋求自己的晋升；而在组织层面上，企业可能会一心追求更高的财务业绩，做出明知会损害利益相关方利益的事情，而仍认为这是商业上的成功。

4. 千里之行，始于足下

这条原则进一步彰显了儒家学说的实用性。在中国，儒家学说作为引导中国社会秩序的主流思想被广泛认为是一种理论与实践相结合的学说。[1]尽管如前所述，有些人可能觉得儒家“德”的概念过于模糊，但事实上它有很强的实践指导性。

这个原则在这里强调的是行动的重要性。儒家的著作中一直很强调执行。事实上，孔子并不是只传播思想，也鼓励人们去实践这些思想。“道行之而成”[2]，这句话表明孔子很清楚，仅仅是了解一个概念是无法产生实际结果的，真正发挥作用的是在这种概念指导下的行动。

结果驱动——致力于长期目标

移植到商业语境中，这一原则指的是，组织必须依据其思想采取行动。这与德鲁克“结果导向”的概念不谋而合。不过，虽然孔子提出行动是实现结果的第一步，但他没有明确阐述活动与直接结果之间的确切关系，也没有讨论两者如何协同发挥作用。

今天，各组织经常希望了解他们的员工培训是否有效。而两千年前孔子对学生的教育是分两步走的。他先向学生们传授概念，紧接着要求他们采取行动，去完成某些能产生直接结果的活动和任务。事实上，如果通过

1　Moore, *Philosophy and Culture*, 79–81.

2　Ames, Rosemont, *Analects of Confucius*, 33.

培训获得的知识不能转化为行动和进步，那么培训与浪费资源基本无异。在古代，衡量一个人的德行教育是否成功的标准是，这个人能否成为一个君子；而今天，我们有了先进的关键绩效指标体系来确保产生直接结果并可以测量。

形成性方法与总结性方法——过程引向结果

“千里之行，始于足下”。孔子并不是单单重视结果，他也重视迈出第一步，也重视整个的过程。他强调，要通过持续的行动坚持追求长期目标，前路漫漫，但我们的每一步都是进步。很多中国人小时候都学过愚公移山的故事，孔子说：“譬如为山，未成一篑，止，吾止也。譬如平地，虽覆一篑，进，吾往也。”这个对过程和结果的关系的注解在今天就意味着：组织要想创造持久的变化必须也只能坚持去做并为此作出长期承诺。

孔子重视过程。这种过程驱动的概念类似于今天教育学中的形成性方法，即要设计一个有效的转变过程，就必须明确定义其中的小步骤和里程碑，每一小步都让组织更接近最终的结果。

设定“正确”的目标

同样，孔子还指出了设定目标的重要性，目标决定着行动计划的方向。例如，在个人的层面上，修身的目标必须是成为君子，而不能是获取最大的个人利益。正如王阳明所言，如果你立志于道，你才可能成为拥有道行的有德学者；如果你立志于文化艺术，你才可能成为拥有一定技术的美学家。因此，一定要对自己设定的方向持审慎的态度。这就是为什么当我们说到学习的时候，没有什么能比专注于正确的目标更为重要的了。[1]

“义”是如何发挥作用的，本书第一部分讨论的使命和宗旨仍是组织生存和发展的根本。此外，如这条原则所述，一个组织确定了发展方向之后，每个员工都要找到自己的“道”，在自己的岗位上促成实质性的变化。

---

1 Confucius, Slingerland, *Essential Analects*, 84.

长期目标如北极星岿然不动，过程中要保持灵活

孔子说过：当目标显然无法达到时，不要调整目标，调整行动步骤。他的意思是，尽管转变的过程可能漫长而艰难，但组织必须保持对其长期目标的专注，随时根据需要调整短期战略。

这一原则在当今瞬息万变的环境中尤为实用。组织，特别是不满足于优秀而追求卓越的组织，更加需要灵活性，以便迅速行动应对变化，在市场中赢得先发优势。正如孔子所说："君子欲讷于言而敏于行。"[1]这一点将在本章稍后的另一条儒家原则——"拥抱持续的变化"中详细讨论。

走出自己的"道"

"道"这个表述的原意代表的是道路，是铺路以便到达的过程。[2]除了不停歇地小步前进之外，它也强调了人的因素的重要性，要想推进过程，需要人找到自己的"道"。[3]这意味着，持续前行不停步是每个人自己的责任，每个人都要根据自己在组织内和社会中的减退情况和角色，找到自己的"道"。如孔子所言，"人能弘道，非道弘人。"[4]以中国著名白酒茅台酒为例，其"躺赢"的路径虽令人羡慕但无法效仿，长远来看不可依赖这种过往的成功之路。这和德鲁克的主张本质是相同的——组织要将决策权尽可能下移，释放员工的个人潜能。在推崇儒家文化的社会中也是一样的，要实现目标需要找到"自主之道"，没有固定的道路，也没有最好的方法。[5]

5. 组织中的每个人都朝着共同的目标努力

尽管一般认为西方哲学注重个人主义，而东方哲学强调集体主义，但

---

1 Confucius, Slingerland, *Essential Analects,* 12.

2 Ames, Rosemont, *Analects of Confucius,* 45.

3 Ames, Rosemont, *Analects of Confucius,* 45.

4 Confucius, *Analects.*

5 Ames, Rosemont, *Analects of Confucius,* 48–50.

现代哲学家实际上将儒家视为自然主义，它将个人置于社会语境中，同时也强调个人的发展。[1]虽然孔子的修身思想是建立在个人努力培养自己的德行基础上的，但修身为君子的目的不只是为了个人精进，更是为了促进社会和谐。君子应该利用其修养更好地齐家、治国、平天下。因此，儒家所讲的这种自我发展比我们现今通常所想的要复杂多面，修身希望达到的是共同的目标，而非个人目标。

组织目标优先于个人目标

传统的儒家社会鼓励一定程度上的个人牺牲，如向来自家庭或社会的外部力量妥协而牺牲个人修身的努力。[2]这种对自我牺牲的期望与儒家的讲求和谐人际关系的理念密切相关[3]，在西方哲学中并不常见。直到今天，这种思想仍然对人们的决定和职业发展目标有着很大的影响。例如，经常有一些才华横溢的艺术家或富有创新精神的工程师虽然对管理工作不感兴趣，还是会转到管理岗位，是因为这更符合家庭或社会的期望。

儒家的家庭价值以“仁”为基础，崇尚无私的爱。它提倡自愿的奉献和牺牲，这意味着每个人都应该互相表达爱和关怀，努力保持家庭的和谐。对于组织而言也是如此，在儒家社会，组织常被视为家庭的延伸。鉴于此，只要组织提出了明确的共同目标，为组织的共同利益作贡献就成为组织对员工默认的期待，类似为了维护整个家庭的和谐和繁荣，满足家庭需要而牺牲自我的义务。这和德鲁克的“贡献驱动”理念很相近：每个员工都应该以贡献为导向，考虑自己的任务能对组织的整体目标作出什么贡献。

个人的“牺牲”是源于角色的个人责任

儒家思想非常强调奉献和忠诚，孔子主张无论在什么情况下，无论个人得到升迁还是遭到贬黜，都要奉行同样程度的奉献、忠诚和服从精神。

---

1 Moore, *East-West Philosophy*, 437.

2 Van Norden, *Chinese Philosophy*, 42.

3 Hatch, *Organization Theory*, 167.

这就是说，每个员工都有义务，也被期待，在任何时候都自觉自愿地优先考虑共同利益。要求一个人不受个人经历影响而持续作贡献，这可能听起来不甚合理，但其背后的逻辑是社会角色带来的责任。

任何社会都是关系型的，每个人都会同时扮演多种角色，而每一种角色都会带来特定的责任。孟子对此的解释是：尽管每个人对家庭、国家、社会和整体环境的责任可能不同，但都不可避免地强调牺牲。[1]要在多重责任之间求得平衡，就需要战略性地作出取舍。例如工作与生活的平衡就需要我们有所取舍，有所牺牲。

因此，我们可以认为，提倡牺牲个人利益是个人保证履行责任所要求的。从责任传递的角度来看，个体作为组织、社区和社会的一员，自然有一部分责任是大家共有的，例如对家庭、社会、工作和大众的责任等。

贡献驱动的牺牲要建立在平等尊重的基础上

尽管为集体利益牺牲自我的观念对塑造社会期望有很大的影响力，但在当今世界，我们无法再期望员工，特别是知识型员工和Z世代，像机器的零部件一样工作，组织已经不可能根据自身需要随意差遣他们。

用今天管理学中的角色理论来解释这一现象就是，在今天多元化的组织中，角色变得更松散了。人们可以获得的信息和知识比过去多，由此对自己的责任和义务形成的认识也会与一般社会期待不同，他们倾向于自己界定自己的角色。[2]这是今天多元化的组织形态与孔子时代的不同之处，过去，人们的角色更严格，往往别人说什么就接受什么，服从社会的期待，这就使共同价值观及共同目标容易深入人心。德鲁克对此的解决办法是释放员工潜能，并使个人目标与组织目标相一致。

不过，在正统的儒家思想中，无私的爱和个人牺牲不是无条件的。相

---

1 Raju, *Comparative Philosophy,* 114.

2 Ashkanasy, Wilderom, and Peterson, *Handbook,* 438–441.

反，儒家思想主张相互负责。这意味着管理者必须施行德治，关注员工的利益，依靠明确的、每个人都认同的集体使命来领导大家，而且要比员工作出更多牺牲。这还意味着，这种对牺牲的期待应该平等地适用于所有成员，而不应该成为某些利益集团获取不正当利益的工具，或成为办公室政治的工具。孔子就明确地反对“愚忠”，也就是说，如果管理者的管理行为对共同利益没有帮助，就不必盲目对其忠诚。

现今的研究还发现，让高管为了实现集体福祉而去平等地关爱所有员工也很难，研究指出，“在大多数现代企业中，爱基本上是不存在的。”[1]同样，让员工自愿地优先考虑组织的需求也从来不是一件容易的事。这或许可以解释孔子为什么大力提倡修身，以此作为集体精神的先决条件。

超越家庭期望——以关系驱动的视角解释如何用“个人牺牲”支持社会期望

虽然儒家教义强调个人发展，但最终目标是塑造一个有德的社会，而这需要集体精神和团队合作。健康的人际关系就是黏合剂，将大家凝聚成一个团队以维持整体社会秩序。[2]事实上，德鲁克也认识到了关系的作用。他曾把儒家描述为一种“基于相互依存的伦理，基于相互义务的伦理”。[3]

如上文所述，这种注重关系的思维模式起源于孔子时代以农业为基础的经济，因为集体主义使人们更容易为了维护和谐的关系而接受某些个人牺牲，从而获得长期利益。今天我们虽然处于快速的城市化和经济结构调整当中，但广泛的人际关系仍然是企业发展的基础，同时，人们也需要归属感。因此，个人牺牲被视为贡献，帮助人们获得团体的接纳。

现今的嵌入式文化理论也提出，个人是嵌入在有着共同生活的集体团

---

1 Bolman, Deal, *Reframing Organizations*, 401.

2 Ames, Rosemont, *Analects of Confucius*, 23.

3 Sherwin Klein, "Drucker as Business Moralist," *Journal of Business Ethics*, no. 2 (November 2000): 121–128.

队中的实体，因为“组织很可能在生活的各个方面对其成员负有责任，并期望成员认同组织，尽职尽责地朝共同目标努力”。[1]根据我们的观察，至今，儒家的这一原则所描述的以集体主义维护健康的人际关系的理念对中国的组织文化塑造仍起着重要作用。

6. 己所不欲，勿施于人

如王阳明所言，“明明德者，立其天地万物一体之体也；亲民者，达其天地万物一体之用也。”[2]儒家的仁——这种关怀精神不应局限于家庭关系，而应适用于所有需要帮助的人，无论关系远近——在组织环境中指的是将对内部股东和员工的关爱延伸到组织外部的所有利益相关方。也就是“己欲立而立人”。

仁爱之源——同理心与互惠

“己所不欲，勿施于人。”这或许是儒家教义中流传最广的一句话。它也经常被解释为“希望他人如何对待你，你就如何对待他人”。然而，这一概念也并不是儒家社会所独有的，在其他宗教和文化中也有所反映——互惠性伦理常常是黄金法则。[3]这一原则的来源是与“仁”相关联的同理心[4]，以及与互惠性有关的理解他人[5]。

同理心要求人们有能力设身处地为他人着想，其主要目的是从“仁”的正面去倡导关怀。但孔子也强调了仁的反面，教人不要害人。我们可以在之前讲的德鲁克的“不故意伤害”的理念中找到它的影子，而前一条原则可以理解为“不能损人利己”。

1 Ashkanasy, Wilderom, and Peterson, *Handbook,* 419.

2 Raju, *Comparative Philosophy,* 154.

3 Antony Flew, ed., *A Dictionary of Philosophy* (London: Pan Books, 1979), 134.

4 Van Norden, *Chinese Philosophy,* 91.

5 Confucius, Slingerland, *Essential Analects,* 74.

儒家社会中组织文化来源于“家文化”

在今天的情境下，儒家的这条教义既适用于个人层面，也适用于组织层面。从组织层面来看，这一原则和“仁”造就了根深蒂固的“家文化”。至今仍对儒家社会中的许多组织有影响，人们将组织视作家的延伸。

从员工个体的角度来看，这条原则使很多员工自然而然地期待组织承担对内关爱所有员工、管理层和股东的责任和义务；也期待团队中的每个人乐于全心全意地帮助有困难的人分担工作。

的确，按照家文化，管理者和股东的主要责任是支持员工取得业绩，而员工也应该了解他们的业绩，也就是孔子所谓的“立”取决于所在组织的整体业绩。当然在现实中，我们都知道，知易行难。

展现对内关怀——互助，用知识成就员工

尽管孔子的原则主张照顾家人是人之常情，但他也清楚，人具有优先考虑自己的责任的倾向。因此，要追求完美的“仁”和同理心，需要付出努力，需要与他人慷慨共享的能力。事实上，从个人角度，“己欲立而立人”绝非易事。

孔子认为，人都应该履行自己的角色所赋予的责任，但有德之人不能为了履行自己的责任就去伤害他人，他们必须在自助的同时助人。如孔子所说，仁者是“己欲立而立人，己欲达而达人”[1]。帮助他人可能带来暂时的个人牺牲，但如果人人都具有同等的仁爱之心，今天助人的“投资”就会在将来自己需要帮助时得到“回报”。这就是我们说的“有得必有失”。

这意味着，管理者要明白，想成就员工，就要与员工一同成长，若员工各自完成了职责，团队就会共同产生成果。正如德鲁克所指出的，管理者的首要责任是支持员工的个人成长。从孔子到德鲁克，立人之本一直在于传授他人自我学习的能力。“授人以鱼不如授人以渔”，这个原则在德鲁

1 Ames, Rosemont, *Analects of Confucius,* 110.

克所预言的“知识工作者”时代仍然有效。

向利益相关方展现对外关怀

此外，这个原则还要求一个组织将仁爱关怀从家庭成员扩展到非家庭成员，也就是利益相关方，包括顾客、供应商、合作伙伴、政府机构、公众等。这表明组织应以同理心和互惠为指导原则，对组织外部的利益相关方给予与内部相同的爱、尊重和体贴。例如，与其强迫供应商降价为自己的产品带来质量风险，不如帮助供应商和合作伙伴共同搞研发，提升整体产品的竞争力，从而为自己的价值链上下游建立健康的生态；或积极帮助公众及社区，体现组织的社会责任。英特尔公司就有一系列的供应商道德与实践准则，以及完善实用的管理培训体系，如精益生产培训、质量体系及生产流程培训，以及更重要的是，恪守可持续发展的理念，推动其全球供应商网络一同在环境保护、承担社会责任和公司治理方面不断创新。

尽管孔子的时代没有顾客的概念，但如果我们把孔子的这一原则运用到顾客身上，则它契合了今天“顾客导向”的理念。也就是说，以同理心鼓励员工想顾客之所想，发现顾客需求，做顾客想做的事——这就是德鲁克强调的“为顾客创造价值”。例如著名的任天堂游戏机Switch为了避免小孩子吞食小零件造成意外，创新性地给游戏卡加上了一层苦味涂层。这就是从顾客（家长）角度出发极具同理心的仁爱的设计。

我们可能认为，对内部员工施与仁爱要比关怀外部利益相关方容易。然而很有意思的是，在我们之前关于中国企业的实证研究中，当组织被要求按照这一原则来衡量自己时，他们关心外部顾客要比关心内部同事容易。这并不是孤例，也在一定程度上说明了为什么海底捞主张“员工比顾客更重要”，他们知道快乐的员工和快乐的顾客往往一起出现——快乐的员工带来满意的顾客。

将关怀和同理心扩展到整个社会

“己所不欲，勿施于人”还可以进一步推广到全社会。当今的组织对自己的日常商业运作会对社会产生什么影响有了越来越清醒的认识，他们更愿意通过慷慨的分享来作出贡献。他们明白，作为和谐社会的一部分就必然有给予也有回报——这就是社会责任。所以我们看到“立人”的原则在现代社会是通过符合组织自身需求和资源情况的社会责任活动来体现的。

但值得注意的是，儒家的“仁者爱人”隐含着公平分配资源的含义，组织和个人必须通过社会责任活动对社会上所有有需要的群体给予同等的帮助，而不是只帮助关系近的群体，如组织创始人的家乡或校友等。

我们认识到，在当今世界，对所有人施以这种完全无私的爱非常困难，组织要充分践行“仁”爱要面临许多现实的限制。正如德鲁克所指出的，组织履行社会责任不应超出自身的限制。但这一原则描述的是个人和组织在理想情况下才能寻求的重要的人文精神。“己所不欲，勿施于人”这个主张能够帮助今天的组织建立健康的企业文化，最终令所有人受益。

7. 拥抱持续的变化

孔子学说的基础是“唯一不变的就是变”这个理念。在他看来，生活中的各个方面，从自然到社会，都会变化，变化随时随地在各个层面、各个机构、家庭和个人身上都会发生。[1]在儒家思想中，变化被认为是符合自然规律且令人向往的，是“大潮”。[2]以“道”为例，道即一切。在孔子看来，道是动态概念。他用“逝者如斯夫，不舍昼夜”来比喻生命的本质即是变化，世间万物都不是静止的。

孔子的“变”关注内在自我

虽然事物皆变化，但与西方哲学相比，儒家更强调内在的自我，而

1 Ames, Rosemont, *Analects of Confucius*, 23.

2 Moore, *East-West Philosophy*, 166.

不是外在的"物"。因此，变化不仅发生在"对象"和"物"上，也发生在人身上。许多西方思想家认为人始终是同一个人，而孔子认为人任何时候都在变化和成长，主张修身及与他人关系的改变可以把人变成"不一样的人"。[1]

当人们通过修身，即"自我发展"，来培养德，他们不仅要重塑自己的思想、态度、信念，而且要重塑行为举止，修身才算有效。同样，组织要有灵活的战略，不断重塑其核心能力，以保持有效性和市场竞争力。

儒家之"变"基于对过去的反思，但不能拘泥于过去

用新知识不断更新头脑与儒家所说的"智"有关，而"智"来自反思和实践。按《论语》的说法，孔子认为《易经》是智慧的源泉[2]，其中"易"的概念必定影响了儒家思想。

儒家关于永恒之变的观念与德鲁克主张的组织必须时时关注外部变化有相似之处。然而，儒家之变与反思和回顾过去高度相关，认为组织的成长战略应反映其业已走过的独特发展路径。举例来说，新希望集团过去以农产品和化工产品著称，而如今集团已经拥有了稳定的金融业务板块，包括银行、证券、互联网金融、基金等多种业态，但值得注意的是，其多元化发展仍始终围绕其主营业务和在农业领域的优势逐步开展。其金融板块的愿景是"打造农村金融引领者"。基于这一愿景，集团成立了"希望金融"，是一个面向企业自身供应链的互联网金融服务平台；其养殖担保公司是为解决农户融资问题而设立的。这些都是组织基于自身发展路径，通过审视过去拥抱变化的优秀案例。

"述而不作，信而好古"这句话经常被认为是孔子固步自封的证据而

---

1 Ames, Rosemont, *Analects of Confucius*, 27.

2 Julian Shchutskii, *Researches on the I Ching* (Princeton, New Jersey: Princeton University Press, 1979), 213; Richard J. Smith, *The I Ching: A Biography* (Princeton, New Jersey: Princeton University Press, 2012), 46.

受人诟病。[1]但其实，这应该解释为反省，鼓励人们以史为鉴，不以过去的无知限制未来的成长。孔子还说过："我非生而知之者，好古，敏以求之者也。"[2]"温故而知新，可以为师矣。"[3]这些都指的是从过去汲取新的知识。

因此，目标是向过去学习，但不是拘泥于过去。这一原则在今天仍有很强的现实意义，因为我们看到越来越多的中国组织开始寻找属于自己的发展方向和"道"，通过反思吸取过去的经验教训，而不去依靠无法长久的模仿和照搬过去的"成功经验"。

孔子鼓励破旧立新重建以价值观为导向的社会

如德鲁克所说，创新和放弃是对冲变化带来的不确定性的有力工具，是帮助组织增强长期可持续性的好方法。尽管孔子也有诸多关于变化的论述，但长久以来批评家们对孔子固守旧礼、食古不化的谴责仍然根深蒂固。[4]而"怀古"这个说法更是被当作孔子不喜变化和不愿放弃的又一个证据。但实际上，如前所述，这一说法背后的基本逻辑是要发现发生了哪些变化，这样组织才能避免一味重复过去那些已经被证明是错误的经验和策略，而且更重要的是，孔子也明确鼓励放弃。他说："过则勿惮改。"[5]这表明孔子已意识到，只有放弃错误方可拥抱新的变化，向着成为君子的方向不断前进。这在今天就代表德鲁克原则中所讲的不断根据环境变化审视原有的观点和知识。

虽然许多现代中国人认为儒家代表着传统与守旧，但是，在西方儒学学者凡·诺登看来，儒家是"复兴主义而非传统主义或保守主义"，他认为孔子之所以要求人们回顾过去，学习经典，是因为他强烈希望通过

---

1 Confucius, Slingerland, *Essential Analects*, 64.

2 Confucius, Slingerland, *Essential Analects*, 21.

3 Confucius, Slingerland, *Essential Analects*, 5.

4 Van Norden, *Chinese Philosophy*, 256.

5 Ames, Rosemont, *Analects of Confucius*, 73; 译为 "where you have erred, do not hesitate to mend your ways"。

“重新发现过去的文献、实践和价值中的深层意义”来助推“积极的社会变革”。[1]

事实上，如果我们把孔子的态度放在特定历史背景下去理解，就可以看出，他一生都在经历战乱，这影响了他的思想，使他渴望恢复曾经的繁荣、和平、人人有德守礼的状态。《论语》中记载，他曾对学生们感叹世界的不完美：“天下有道，丘不与易也。”[2]这表明孔子不仅认同变化，而且希望能有更多积极的、以价值观为主导的社会变革。[3]所以，为了未来更好的发展，我们不能对过去一无所知。

儒家的创新精神体现在灵活应对变化

虽然孔子没能提出过系统的创新概念，但他确实表现出了创新精神。这体现在他让人们在“从礼”的范围内，灵活地以不同方式进行礼的实践。虽然从今天的观点来看，这只能证明孔子允许有多种选择，与现代管理理论中创新的概念并不相同，但这凸显了孔子思想中创新的重要性。[4]

这种思想与我们在前面的原则中介绍过的“没有固定的道”这个概念类似，面对变化，人要找到最适合自己的应对之法。事实上，孔子的教育也体现了这点。他的学生记录过，就同一个问题，孔子会给不同的人不同的回答，有时连他的弟子也为此感到困惑。[5]这正是因为孔子会根据具体情况给不同学生提供不同的解答，因材施教。这一思维源于中国的一种传统观念——真相并非只有一个。[6]孔子鼓励学生自己做分析，对组织也一样，即面对新环境，甚至是同样的境况，总会有不同的解决方案和新的答

---

1 Van Norden, *Chinese Philosophy*, 23.
2 Ames, Rosemont, *Analects of Confucius*, 215.
3 Van Norden, *Chinese Philosophy*, 99.
4 Van Norden, *Chinese Philosophy*, 255.
5 Van Norden, *Chinese Philosophy*, 46.
6 Ames, Rosemont, *Analects of Confucius*, 33.

案，组织应该鼓励员工寻找多样化的答案和创新的方法。

西方儒学学者凡·诺登非常认可孔子对个人创造性的重视，称其“让人想起尼采或者拉尔夫·沃尔多·爱默生”[1]。

变化不是绝对的，相对变化亦需留意

儒家原则要在当代应用，需要结合语境重新解释[2]，儒家所讲的变化不是绝对的，必须在语境中考虑与其他相关因素的关联。在西方备受尊敬的儒家学者安乐哲曾指出：“孔子和许多早期的中国思想家一样，似乎从来不认为世间万物在时间长河中会保持不变……他们看待事物都是相对的，且在不同时期，事物之间的关系也会不同。”[3]

鉴于关系文化盛行，儒家社会的确是以关系为中心的社会，人际关系在日常决策中起着重要的作用。[4]所以，人们必须时刻考虑自己在社区中的角色和关系，据此决定如何与他人以礼相待。[5]

没有任何组织或家庭是孤立存在的，在如今瞬息万变的社会，我们观察到，同一生态内利益相关方之间关系越来越多变：供应商可能变成客户；就连谁是竞争对手有时都很难认清，因为合作伙伴也可能会突然成为对手。例如，美团在短时间内快速进入多个生活服务领域，其打车应用曾让滴滴措手不及。因此，组织要从关系的视角去思考和重新思考自己的市场定位。也就是说，要以市场为导向，考虑市场上所有可能影响到企业运营的因素和力量，并从相对于其他市场参与者的角度来进行分析。

要意识到角色变化的后果

关系不变，角色也有可能会变。例如，孩子渐渐长大，他们的角色也

1 Van Norden, *Chinese Philosophy*, 255.

2 Confucius, Slingerland, *Essential Analects*, 57; Van Norden, *Chinese Philosophy*, 19.

3 Ames, Rosemont, *Analects of Confucius*, 26.

4 Ames, Rosemont, *Analects of Confucius*, 23.

5 Ames, Rosemont, *Analects of Confucius*, 27.

会从受父母扶养者变成扶养父母者。在这一过程中，尽管扶养行为和孝顺关系不变，但子女的角色和受益方向会随着生命进程而改变。[1]

如果换到组织情境下来考虑，对营销团队来说，销售团队是他们了解市场的窗口，为他们提供精准的一手数据；而营销团队可以通过对原始数据的分析，提供深刻洞察来"回报"销售团队。员工与组织的关系也是同样道理，员工既是成本也是资源。这就是儒家所讲的"变化的规律性与连续性"[2]。

8. 每个人都需要持续的实践和反思

孔子将知识视为人生的基本需要。[3]他是最早倡导人"因德而高尚"而不是"因血缘而高尚"的，以此激发人们对教育和知识的追求。前文解释过，虽然孔子认为人性本善，但修身和有德的外部环境是让"仁"的种子生根发芽、使人成长为君子的必要条件。决定一个人成长路径的是其持续学习的能力，所谓"性相近，习相远"[4]。

孔子独有的学习过程——不断实践和反思

对孔子来说，有效的学习过程既需要实践，也需要反思。有意思的是，尽管很多人认为儒家的教义都是笼统的原则，在现实生活中很难应用，但在西方儒家学者的眼中，儒家的教诲则更多地被视为实用的技能，而非抽象的理论知识。[5]其实，儒家学说作为一种实用哲学，天然强调实践，认为知识需要在实践中经过不断地反思和修正，直至达到理想的结果。知识要通过实践才能更好地吸收，知行合一才能产生成果。

---

1 Ames, Rosemont, *Analects of Confucius,* 24.

2 Ames, Rosemont, *Analects of Confucius,* 27.

3 Raju, *Comparative Philosophy,* 108.

4 Confucius, Slingerland, *Essential Analects,* 49.

5 Confucius, Slingerland, *Essential Analects,* 1.

前面我们在“以史为鉴”部分讨论过反思的重要性，孔子教导我们说，生活中的每件事、任何事都值得学习，因为每个人在过程中都会犯错，而不断地反思可以帮助人们认清哪些地方需要调整。事实上，孔子承认，他对别人的判断可能出错[1]，但他可以通过反思发现自己的错误并吸取教训[2]，所谓“过而不改，是谓过矣”[3]。

尽管当今瞬息万变的信息时代是孔子所无法想象的，今天的组织仍然可以利用儒家主张的学习过程，创造出持续学习、实践和反思的独特学习型文化。

用孔子的教学方法学会如何学习

虽然在古代中国，儒家经典是人们学习人生智慧的重要正式文本，但我们使用的许多教学方法其实也都是基于儒家思想的。例如，孔子主张，人们除了学习经典之外，还要学会如何学习。

孔子指出，有效的学习需要开放的心态：“知之为知之，不知为不知，是知也。”[4]他提醒我们，学习的时候不要妄加评判[5]，因为人无论高低贵贱都可以教给我们一些东西，我们从别人的优点和缺点中都能学到东西。[6]与其批评别人，不如专注于借鉴他们的经验和优势，不断自我反省，自我修正，推动自身的发展。[7]

塑造学习型企业文化需要时间、资源和坚持不懈的努力

孔子也认识到，真正的反思绝非易事，“吾未见能见其过而内自讼者也”。[8]这是因为，反思不是一次性的，而是反复、持续的过程。正如《论

1 Van Norden, *Chinese Philosophy,* 41.

2 Van Norden, *Chinese Philosophy,* 41.

3 Confucius, Slingerland, *Essential Analects,*45.

4 Confucius, *Analects.*

5 Van Norden, *Chinese Philosophy,* 41.

6 Van Norden, *Chinese Philosophy,* 41.

7 Van Norden, *Chinese Philosophy,* 41.

8 Confucius, Slingerland, *Essential Analects,* 15.

语》所说："吾日三省吾身：为人谋而不忠乎？与朋友交而不信乎？传不习乎？"组织花时间和精力教育与培养员工，也是同样道理，要想坚持反复实践，需要有坚定的信念和强大的动力。

因此，孔子也强调了营造健康的外部环境的重要性，也就是要塑造学习型文化。他建议，在个人层面，个人在反思过程中要有意识地减少自己内心的观察与批判带来的负面外部影响，这样才能创造更加健康的环境，培养有德的习惯。虽然孔子相信人之初性本善，我们仍不能忽视内心和头脑中的"阴暗面"。因此，定期反省可以克制日常生活中出现的"恶"的欲望，无论是内在的还是外在的。

孔子在那个时代能提出持续学习的理念是非常了不起的，也是极其先进的。具体来说，在古代农业经济中，人一生往往只需从事一份工作，只要学一门手艺就永远不会过时，守拙远比创新更受重视。如今，很多组织对于学习很有紧迫感，因为知识很快就过时了。[1]但是营造学习型企业文化又太费时费力了。这一原则提醒组织和员工个人，要坚持努力，坚持在学习上投入资源。

批判性思维和基于知识的创新

无论我们是否意识到，儒家强调批判性思维对有效学习起着重要作用。即使在研读权威著作时也要抱着批判的态度，所谓"尽信书不如无书"。[2]这就表明，儒家虽然强调君臣父子贵贱有序，所谓"五常"，但在打造学习型的企业文化方面，独立思考和批判精神是不可或缺的。员工要勇于质疑权威，领导也需要包容来自每个员工的不同意见。

德鲁克主张任何创新都必须基于实证，孔子也说过创新要建立在学习和知识的基础之上："盖有不知而作之者，我无是也。多闻，择其善者而

1 Beatty, *The World According to Peter Drucker*, 123.

2 Van Norden, *Chinese Philosophy*, 185.

从之，多见而识之，知之次也。”[1]

这些学习理念从未过时，许多老牌现代企业的做法其实与之相符，IBM就是一例。IBM的一个创新芯片结构研究团队为了强化创新和协作，要求团队成员写电子邮件时使用不同的颜色标记不同类型的内容。[2]白色陈述事实，确保有根有据；绿色代表个人意见，促进批判性思维，鼓励表达多种观点；红色表示情绪，以便防止不必要的负面情绪影响。也就是孔子所说的内心“阴暗面”。

9. 大家都遵循同一套行为标准和规范

儒家的礼仪是一套“实践工具”和“道德标准”，依照人的社会角色而设，要求人们遵守。今天，对正统儒家礼教的批评很多，因为它要求每个人都遵从同样的价值观和行为规范。而21世纪的组织不可能遵循那些已不适应今日环境的古代繁文缛节。但今天也有“组织仪式”这样的概念。从这个角度看，儒家的这个原则其实与现代组织理论是一致的：根据社会期望，每个组织都有“某些价值、规范、规则和信仰”，组织中的每个人都应“根据各自在组织内的特定角色据此行事”[3]。

礼可大可小，都是仁的行为表现，需要反复实践

虽然儒家礼仪在今天的商业语境中显得很模糊，但实际上正统礼仪既可以是精神层面的信仰，也可以是行为层面的规范，可以有不同的形式，可大可小。在行为上，组织的“礼”可以是流程规范或会计准则等对企业经营产生根本性影响的规则和条例，每个员工都必须接受并在日常操作中严格遵循。也可以是不那么正式的组织仪式，作为组织文化的一部分，体

1 Confucius, Slingerland, *Essential Analects*, 21.

2 Thomas Barta, Patrick Barwise, *The 12 Powers of a Marketing Leader: How to Succeed by Building Customer and Company Value*, 151.

3 Hatch, *Organization Theory*, 74.

现“在这里我们如何工作”，例如周一的例行晨会、年度聚餐或日常着装规范等等。

在孔子看来，礼的实践与仁有关，守礼是受到鼓励的一种仁的行为，代表对他人的关心。如果我们把安全规范作为“礼”，那么当每个员工遵守安全规程就代表他对同事、顾客和组织等所有利益相关方都是负责任的。

但是，无论形式如何，无论场合大小，“礼”都需要学习并定期重复。按孔子的观点，规则必须不断实践直到成为日常生活中的习惯。这种不断地实践本身就是修身的过程，需要“智”的支撑。

公共礼仪要平等适用于每个人，不得有双重标准

这一原则的本质是要通过个人“习礼”促进集体的社会秩序。这是因为，虽然礼的实践属于个人层面，但它是每个人都要承担的责任，因此也就成了一种公共仪式。我们前面举过安全规范的例子，那就是组织层面的一种公共仪式。据此，我们就理解了孔子为什么非常重视严守礼仪。事实上，在工业化时代，标准化是企业成功的基础，所以即使是在今天，某种程度上来说，礼仪对于提高生产和管理实践的有效性仍然有重要作用，对大型组织尤其如此。

在之前的原则中我们已经讨论过，要实现共同的目标需要每个人有良好的德行。这意味着所有的礼仪（规则）都需要平等、公正地执行，不允许双重标准。这还意味着，要用同样的标准去判断所有的人，不能让任何人享有特殊待遇。统一标准，特别是对高管和一线员工统一标准，能够确保在组织的各层级一视同仁，这可以增强组织内部互信，更好地将个体和集体联系起来，理顺员工关系。

虽然对孔子来说，礼普遍适用于所有人[1]，但今天的组织在很大程度上

---

1 Raju, *Comparative Philosophy*, 132.

由知识工作者和Z世代主导，他们在思想意识上可能差异巨大。因此，推行必要的规章制度会是一个持续存在的问题，如果员工没有意识到标准化的重要性，就更是如此。他们可能像很多人对儒家礼仪的态度一样，认为组织礼仪是象征性的，没有实质意义。这种心态会令组织更难以推行统一的价值观和行为规范。因此，要让每个员工接受组织的标准，就要像儒家讲的“习礼”一样，组织要首先对组织礼仪、规范作出明确界定，然后反复与员工沟通，直至大家认同、信奉并实践这套礼仪，从高管到一线员工都要如此。

公共礼仪产生强大的象征性作用，使人们团结起来

实践中，尽管组织礼仪和规则不一定能完美执行，也未必能达到预期效果，但它仍可发挥重要的象征性作用，成为组织的“黏合剂”。[1]组织文化理论指出，礼仪可以“强化对组织宗旨的信念，培育希望和信心”。事实上，礼仪代表着特定的组织传统和价值观。当团队中的每个人都遵守同一套规则时会产生强大的象征性压力，将圈子里的人与“外人”区别开来。这就像今天的组织文化一样，一个可以彰显“我们是如何工作的”的环境可以给员工带来主人翁感，帮助新员工融入集体。[2]从这个角度来看，“习礼”可以成为组织文化塑造的有力工具[3]，其强大的象征性作用可以像黏合剂一样将人们团结在一起。例如阿里的“花名文化”和“倒立文化”就是通过某些特定的象征性行为打造独特的工作环境，这可以帮助新员工与组织、同事建立联系。

今天的组织理论认为，公共礼仪作为共同的价值观、规则和规范，反

1 David M. Boje, John T. Luhman, and Ann L. Cunliffe, “A Dialectic Perspective on the Organization Theatre Metaphor,” *American Communication Journal* 6, no. 2 (winter 2003): 4; Bolman, Deal, *Reframing Organizations,* 300.

2 Bolman, Deal, *Reframing Organizations,* 256.

3 Bolman, Deal, *Reframing Organizations,* 256.

映的是共同的社会需求和社会期望。[1]我们也可以把现代的“组织即戏剧”作为背景，来理解儒家礼仪。这个理论指的是，组织只能按既定剧本中的场景演戏，遵循被认可的着装规范，按可接受的行为规范行事，一切都由社会期望决定。[2]从这个角度来看，礼仪就是组织的“被认可并符合期望的着装规范”。每个员工要想进入这个场景就需要根据自己的角色遵守相应的着装规范和行为规范。

10. 不过度承诺

这一原则与五常中的“信”有关，今天可以理解为信誉，要求我们言而有信、言出必行。儒家学说中，信是人与人之间通过合作建立联系、维持和谐社会的基础。时至今日，“信”仍是日常行为中人们特别看重的一点。不管在生活还是工作中，“信”都是广受尊重的品格。这一原则讲的是管理者如何通过赢得他人的信任，维护与利益相关方持久的互惠关系从而使管理卓有成效的可行建议。

以基于信任的长期互惠伙伴关系为优先

孔子认为，长久的关系是建立在互惠基础上的。[3]他生活的年代战乱频仍，各国为了自保必须结成联盟，而信任是联盟的基础。在以亲属关系为基础的社会，最初的信任自然来自家族内的血缘关系，而要与陌生人建立联系，在家族之外形成新的商业伙伴关系，风险和代价就会更高。因此，古代商人不得不依靠口碑来作商业决策。所以“信”一直是备受尊崇的品格，也是人必须努力保持的“脸面”。

1 Hatch, *Organization Theory,* 75.

2 Erving Goffman, 1959, 1974; Boje, Luhman, and Cunliffe, “Dialectic Perspective,” 4; Bolman, Deal, *Reframing Organizations*, 288.

3 Geert Hofstede, Michael Harris Bond, “The Confucius Connection: From Cultural Roots to Economic Growth,” *Organizational Dynamics* 16, no. 4 (spring 1988): 5–21.

在现代管理理论中，这就是品牌认知度，包括个人品牌和企业品牌。今天，一些新兴企业基于当今的大数据技术提供信用报告，他们成长很快，这就体现了良好信誉的市场价值。值得信赖的品牌是商业决策的前提条件。因此，对组织来说，与利益相关方建立长期可靠的伙伴关系，努力保持品牌价值，应该比短期收益更重要。

这当然是件知易行难的事。如果各方都能看到明确的互利，当然更容易遵守诺言，建立信任。然而，如果在合同签署后出现了对其中一方更好的机会，或者市场变化使这次合作的收益不如预期，那就困难了。儒家所讲的“信”要求人们始终把“德”置于经济利益之上，也就是说，即使会带来短期损失，仍要继续履行已确立的合同、伙伴关系或承诺。

当然，孔子并不是说要牺牲任何一方的利益来建立持久的伙伴关系，他说的是一种战略权衡，放弃短期利益来维持信任，以期通过增进信任关系获得长期利益。在商业实践中，这与德鲁克关于平衡长、短期目标的教诲相似。在这里是要平衡长期信任和可能的短期经济损失。

信任不是说出来的，而是做出来的

如孔子所言，“君子耻其言而过其行。”[1]口说无凭，信任靠的是行动，许多人都能大谈道德，但能将其付诸实践的人寥寥无几。[2]与思想相比，行为更显而易见，更可测量。孔子将行为作为“关键绩效指标”用于个人评价考核，他说:“始吾于人也，听其言而信其行；今吾于人也，听其言而观其行。”[3]

儒家这种靠行动建立信任的观念与德鲁克不谋而合——结果需要衡量。人力资源部门可利用这一原则，找到哪些外显行为与产生直接结果相关，以及如何衡量这些行为从而评估能否相信员工个人或团队会达成其承

1 Confucius, Slingerland, *Essential Analects*, 42.

2 Confucius, Slingerland, *Essential Analects*, 73.

3 Confucius, Slingerland, *Essential Analects*, 14.

诺的目标。这种信任评分不用于判断具体决策是否正确，而是用来评价员工或团队，评级的依据是其在过去和当前项目上的表现。

孔子还提醒我们，只有“巧言”是不够的，君子要做到“其言也讱”，也就是说，要不说大话，言出必行。[1]根据我们对中国组织的实证研究，过度承诺是普遍现象，也是管理层对员工失去信任的重要原因。

让所有利益相关方信任

不仅组织内部要重视形成高度的信任，对所有利益相关者都要如此。例如，组织要获得顾客的信任，最基本的做法就是按照其承诺，提供高质量的产品和服务。另一方面，要与供应商保持信任关系就要求组织对供应商提供持续支持，尤其是在其遇到意想不到的成本飙升时。坚持履行社会责任的举措，也有助于组织赢得公众的信赖及对品牌的肯定。

事实上，高度信任是提升绩效的必要条件。现今有研究表明，全球业绩最佳的营销团队都具备高度信任和高度的自信。[2]例如，英国邮政的首席营销官彼得·马基就说：“塑造基于信任和自信、自我激励和智慧的组织文化，可以有力地支持营销人员的成功。”[3]

榜样效应

孔子还强调了榜样效应对建立信任的重要性。事实上，孔子的弟子记录了很多孔子以实际行动为他人作出榜样的事例。[4]对于榜样的力量，王阳明说：在教人如何行动上理论教学当然是有用的，但它却远无法与通过身教而能达到的那种深刻效果相提并论。[5]

1　Van Norden, *Chinese Philosophy,* 42.

2　Thomas Barta, Patrick Barwise, *The 12 Powers of a Marketing Leader: How to Succeed by Building Customer and Company Value,* 138–139.

3　Thomas Barta, Patrick Barwise, *The 12 Powers of a Marketing Leader: How to Succeed by Building Customer and Company Value,* 138–139.

4　Confucius, Slingerland, *Essential Analects,* 40.

5　Confucius, Slingerland, *Essential Analects,* 87–88.

对今天组织中的管理者来说，成为一个有德的榜样当然有助于赢得员工信任和忠诚。如《论语》所讲，“其身正，不令而行；其身不正，虽令不从”。[1]所以对于今天企业的管理者来说，建立自己“信”的榜样尤其重要。

我们在前面的原则“每个人都遵循一套行为标准和规范”中讨论过，今天的员工关心的是公正平等的待遇。管理者要求员工做到的所有要求，他们自己都必须首先做到。通过对中国组织的实证研究我们发现，管理者如果能够言出必行，以身作则，他们不仅能获得同行和员工的信任，还能极大地激励团队成员更加敬业。管理者和组织可以通过践行这条原则来营造“信”的文化，收获平等健康的员工关系。

1 Confucius, Slingerland, *Essential Analects*, 107.

总　结

今时今日——当德鲁克遇见孔夫子

德鲁克和儒家——这两种学说听起来互不相干，分别源于东方和西方价值，似乎毫无关联。一个是“现代管理学之父”，为全球各地组织带来管理有效性实践；另一个代表古老的中国智慧，历史上长期占据统治思想主导地位，至今仍对人们的思想具有广泛影响。但是，通过前几章阐述的德鲁克十项原则和儒家十项原则，我们已经清晰地看到，这两种思想高度互通，至今仍是在中国这样的儒家文化社会中影响组织运作的核心思想。儒家式的管理以人为核心，强调对人的管理和总体规则；而现代西方管理则以生产为核心，强调通过标准化的规范和流程提升管理效率，减少人为错误造成的不确定性和随机性。

尽管传统观点认为，基于西方价值的管理思想在东方不起作用[1]，无法作为依据用于解释和理解东方文化社会中的所有现象[2]，但德鲁克管理学20世纪在日本取得了巨大成功。中国的情况与日本类似，过去的几十年里经历了令人惊叹的发展。如果德鲁克来到今天的中国，他会不会也为今天中

1　Jay B. Barney and Shujun Zhang, “The Future of Chinese Management Research: A Theory of Chinese Management Versus a Chinese Theory of Management,”*Management and Organization Review* 5, no. 1(February 2009): 15–28.

2　Zhixing Xiao and Ingmar Björkman, “High Commitment Work Systems in Chinese Organizations: A Preliminary Measure,” *Management and Organization Review* 2, no. 3 (November 2006): 403–422.

国商界对其管理理论的独特理解和实践感到惊异呢?

的确，管理实践若要在跨文化环境中依然有效，我们需要特别强调对文化差异和文化协同的认识。尽管德鲁克和孔子对于当今年轻的商界人士，尤其是职场上快速成长的Z世代来说，可能已经显得很老旧了，但花些时间和精力了解这两种内涵丰富、价值观导向的思想仍是值得的。潜意识中的儒家思想无疑会对我们的日常管理实践产生影响。举例来说，很多中国管理者会本能地偏爱某种组织文化和价值观，如仁爱和家庭式文化；而许多员工认为，组织必须具备和谐的同事关系，管理者必须提供无私支持，如果得不到，他们就会感到失望。

鉴于此，我们认为有必要探讨一下，组织如何将德鲁克原则和儒家原则作为一个相互交织、相辅相成的体系加以运用，如何将德鲁克管理学的实践与儒家的价值观联系起来，以及组织如何在商业实务和两者的互动关系中受益。

德鲁克管理思想在儒家文化社会中如何实践

1. 坚持积极的价值观，在持续性和变革之间取得长期平衡

孔子和德鲁克都提倡以价值观为导向，价值观是平衡长、短期目标的准绳。组织若要有效践行其价值观并依据其价值观进行管理，必须制定明确的行为规范和行动指南。只有价值观与日常实践之间紧密联系才能将概念转化为行为规范。不过，要赢得长久的转变需要持续不断地努力。有远见的组织必须在连续性和变革之间求得平衡，才能预见未来，保持长期的可持续性。

参考原则：

平衡短期和长期结果

每个人都要践行价值观

要德治，不要靠惩罚

千里之行，始于足下

2. 做正确的事：坚持使命导向，关注顾客感知价值

儒家文化社会所期待的“正确”很多时候会更多涉及道德层面的考量。因此，组织不仅要做到以顾客为中心、以使命为导向，更要确保自身的动机和价值观是符合“德”的。尤其是在当今的数字化世界，文化元素和消费者偏好瞬息万变，网红和意见领袖有很大的影响力，可能引导或误导顾客品位和社会潮流。因此，组织更加需要在了解消费者需求和寻求商业可行性时认真考虑什么才是“正确的事”。

参考原则：

明确的使命和“事业理论”

专注于了解顾客需求

要做正确的事，不要单纯追求利润

3. 让以信为基础的创新文化贯穿整个组织

德鲁克强调，创新必须以知识和证据为基础，由市场驱动。只有持续学习才能给具有创新思维的头脑夯实基础，而知识共享和开放性学习又需要建立在充满信任的关系上。考虑到儒家文化社会中通常以集体工作环境为主，不仅研究工作通常由团队完成，而且创新成果也通常由整个团队共享而非属于个人。因此，通过团队合作和互动建立高度的信任，对于形成学习型文化和创新文化尤为重要。有时管理团队言行不一，不能为其他人作出榜样，就会阻碍持续创新，打击大家学习的积极性，这是很常见的状况。

参考原则：

每个人都要创新

每个人都要持续地实践和反思

不过度承诺

4. 通过定期放弃在充满变化的环境中创造未来

“拥抱变化”意味着要积极应对变化。事实上，在当今瞬息万变的信息时代，有远见的组织必须行动迅速以获得先发优势，引领变革以塑造市场，而非仅仅顺应潮流。然而，我们发现，儒家文化社会中，人们通常更习惯于修修补补，对彻底地舍弃和重建非常谨慎。事实上，选择放弃什么反映的是组织对未来的预见，这是一种战略决策，能够指导组织确定将有限的资源投向何处才能发挥最大效能。因此，定期放弃不仅可以帮助组织更好地为明天的机会做准备，更可以避开因盲目多元化而将资源过度摊薄。

参考原则：

定期放弃

拥抱持续的变化

5. 结果导向的贡献促成组织的共同目标

与西方文化社会中的员工不同，中国的员工身处儒家文化社会中，“家庭文化”根深蒂固，他们常会不自觉地将自己和组织置于“父子”关系中，认为同事关系一定要和谐，管理层有责任在各方面为员工提供支持，帮助其完成工作。而管理层会假设员工始终以整体绩效为优先事项，服从“指挥控制式管理”。因此，如果员工觉得自己在工作中没有得到他人全心全意的支持，或者个人的需求没有得到充分满足，他们就容易失望和气馁。此外，由于人们将职场视为家庭的延伸，他们有时会在未能很好地达到工作成果时将责任推给同事、管理者或组织，让别人为自己的失败“埋单”。

尽管很难真正让人们将信念或思维方式转变为贡献导向，正如德鲁克所强调，组织可以构建一个体系，基于共同的成果让个人目标与组织目标统一起来。这是因为当他人能够影响他们自己的工作成果时，员工会更愿意投入资源去支持他人。同样，只有当员工觉得自己的个人成就依赖于组织的整体发展时，他们才会更自觉自愿地为共同的组织目标牺牲一些个人利益，因为这是他们职责的一部分。这意味着，在儒家文化社会中，组织如果能明确设定可衡量的工作成果，将其作为每个人优先考虑和共同追求的集体目标，那么它就能营造出无私的集体主义文化，实现以贡献为驱动、利他为主导。

参考原则：

从所有利益相关者的角度去衡量结果，而不是过程

己所不欲，勿施于人

组织中的每个人都朝着共同的目标努力

6. 通过提升所有人的责任心来培养员工

尽管当今中国的很多组织都大力提倡去中心化、减少组织层级、自我负责，但事实上，唯命是从的文化比人们预想的更为根深蒂固。在日常实践中，服从上级命令并有效执行仍是普遍预期。同样，我们也观察到在儒家文化社会中，员工也期待得到具体的工作指导和明确的方向供他们遵循。这就为组织提供了另一种视角，去考虑如何以符合文化背景的方式培养员工，即通过建立组织仪式来激励每个人在自己的岗位上作出贡献。当然，提倡仪式和统一标准并不意味着“指挥控制式管理”，与德鲁克的放权和去中心化的概念并不冲突。其核心是利用共同的仪式提升归属感，训练一致的行为规范并以其作为共同价值观和集体成员身份的象征。这提醒儒家文化社会中的组织，要在标准化和去中心化的自主之间寻求平衡。

参考原则：

各层级的责任

以员工为导向

大家都遵循同一套行为标准和规范

7. 以君子行为支持功能社会

虽然在儒家文化社会中，组织并不会明确地进行个人德行的教育和倡导，整体的和谐似乎是靠员工自律来维持的，事实上员工必须明白，个人德行在集体中是基本前提和“潜规则”，也是组织对个人进行判断的标准和依据。并没有什么明确的规则，但对不符合社会预期的“无德”行为仍然会被惩罚，“无德”的人会被孤立。这是因为儒家相信“仁”是人的本性，即使没有相关教育，也没有明确规范，“德”仍是理所当然的判断标准。

同样的道理，人们也会认为所谓为社会作贡献就应该是绝对无私的，不应期望回报，否则就会被视为“利益驱动”。具体表现就是，我们看到很多时候员工会“忽视”组织的良性动机及履行社会责任的努力。因此，组织应着力使个人的努力符合社会期待的行为模式，明确引导员工作出符合规范的行为和行动。这很重要，因为很多情况下，即使人们声称他们的思想是符合“德”的，实际上却看不到他们相应的行动。这也是组织在打造其组织文化时应特别考虑到的文化背景。

参考原则：

展现社会责任

有德的行为成就和谐社会

附录一　亚马逊领导力原则十四条

1. 顾客至上（Customer Obsession）

领导者要从客户入手，再反向推动工作。他们努力工作，赢得并维系客户对他们的信任。虽然领导者会关注竞争对手，但是他们更关注的是客户。

2. 主人翁精神（Ownership）

领导者是主人翁。他们会从长远考虑，不会为了短期业绩而牺牲长期价值。他们不仅代表自己的团队行事，而且代表整个企业行事。他们绝不会说“那不是我的工作”。

3. 创新简化（Invent and Simplify）

领导者期望并要求自己的团队进行创新和发明，并始终寻求使工作简化的方法。他们了解外界动态，四处寻找新的创意，并且不会被“尚未发明”的观念局限住。当我们开展新业务时，我们就要接受可能被长期误解的可能。

4. 决策正确（Are Right, A Lot）

领导者在大多数情况下都能作出正确的决定。他们拥有卓越的业务判断能力和敏锐的直觉。他们寻求多样的视角，并挑战自己的观念。

5. 好奇求知（Learn and Be Curious）

领导者从不停止学习，而是不断寻找机会以提升自己。领导者对各种可能性充满好奇并付诸行动加以探索。

6. 选贤育能（Hire and Develop the Best）

领导者不断提升招聘和提拔员工的标准。他们表彰杰出的人才，并乐于在组织中通过轮岗磨砺他们。领导者培养领导人才，他们严肃地对待自己育才树人的职责。领导者从员工角度出发，创建职业发展机制。

7. 最高标准（Insist on the Highest Standards）

领导者有着近乎严苛的高标准，这些标准在很多人看来可能高得不可理喻。领导者不断提高标准，激励自己的团队提供优质产品、服务和流程。领导者会确保任何问题不会蔓延，及时彻底解决问题并确保问题不再出现。

8. 远见卓识（Think Big）

局限性思考只能带来局限性的结果。领导者要大胆提出并阐明大局策略，由此激发良好的成果。他们从不同角度考虑问题，并广泛寻找服务客户的方式。

9. 崇尚行动（Bias for Action）

速度对业务影响至关重要。很多决策和行动都可以改变，因此不需要进行过于广泛的推敲。我们提倡在深思熟虑的前提下冒险的精神。

10. 勤俭节约（Frugality）

力争以更少的投入实现更大的产出。勤俭节约可以让我们开动脑筋、自给自足并不断创新。只是靠增加人力、预算和支出得到的产出并不会为你赢得额外的加分。

11. 赢得信任（Earn Trust）

领导者专注倾听，坦诚沟通，尊重他人。领导者敢于自我批评，即便这样做会令自己尴尬或难堪，他们并不会总是认为自己或其团队一定是对的。领导者会以最佳领导者和团队为标准来要求自己及其团队。

12. 刨根问底（Dive Deep）

领导者深入各个环节，随时掌控细节，经常进行审核，当数据与传闻不一致时持有怀疑态度。领导者不会遗漏任何工作。

13. 敢于谏言，服从大局（Have Backbone, Disagree and Commit）

领导者必须能够不卑不亢地质疑他们无法苟同的决策，哪怕这样做让人心烦意乱、精疲力竭。领导者要坚定信念，矢志不移。领导者不会为了保持一团和气而屈就妥协。一旦作出决定，他们就会全身心地致力于实现目标。

14. 达成业绩（Deliver Results）

领导者会关注其业务的关键决定条件，确保工作质量并及时达成业绩。尽管遭受挫折，但是领导者依然勇于面对挑战，从不气馁。

附录二　德鲁克十项原则

1. 明确的使命和“事业理论”

具备掷地有声的使命，并对“我们从事的是什么业务”这个看似困难的问题有令人信服的答案。

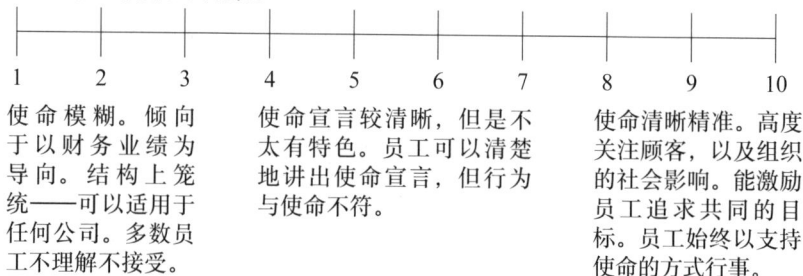

1　2　3	4　5　6　7	8　9　10
使命模糊。倾向于以财务业绩为导向。结构上笼统——可以适用于任何公司。多数员工不理解不接受。	使命宣言较清晰，但是不太有特色。员工可以清楚地讲出使命宣言，但行为与使命不符。	使命清晰精准。高度关注顾客，以及组织的社会影响。能激励员工追求共同的目标。员工始终以支持使命的方式行事。

2. 专注于了解顾客需求

永远记住，“唯一有效的商业目的定义是：创造顾客”，同时认同“产品或服务的质量不是供应商投入了什么，而是通过顾客得到的并愿意为此付出的代价而定义的。”

1　2　3	4　5　6　7	8　9　10
公司高度依赖销售人员使用各种销售手段促成客户说“是”。公司主要强调销售。认为顾客满意度虽重要，但重点在于出去推广公司产品。	公司会做基础的市场研究，但顾客满意度得分通常在业内属于“一般”。	公司进行大量研究以了解顾客关切，并通过开发新产品和制定新营销方案作出回应。重点在理解客户为什么这样做，为什么有这样的感受，通过产品满足他们的需求。认为销售重要，但重点在于推出几乎可以“自我推销”的产品。

3. 各层级的责任

尽可能将责任下移，遵循“向下倾听，向上倾诉”的基本沟通策略。

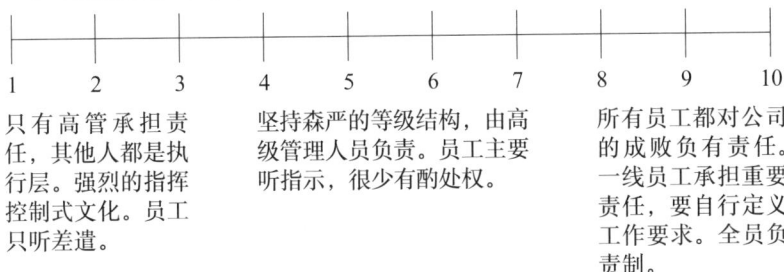

1 2 3	4 5 6 7	8 9 10
只有高管承担责任，其他人都是执行层。强烈的指挥控制式文化。员工只听差遣。	坚持森严的等级结构，由高级管理人员负责。员工主要听指示，很少有酌处权。	所有员工都对公司的成败负有责任。一线员工承担重要责任，要自行定义工作要求。全员负责制。

4. 以员工为导向

要接受这个事实——每个组织都要培养人。“组织或帮助他们成长或阻碍他们成长”，因此，我们竭尽所能来帮助员工成长。

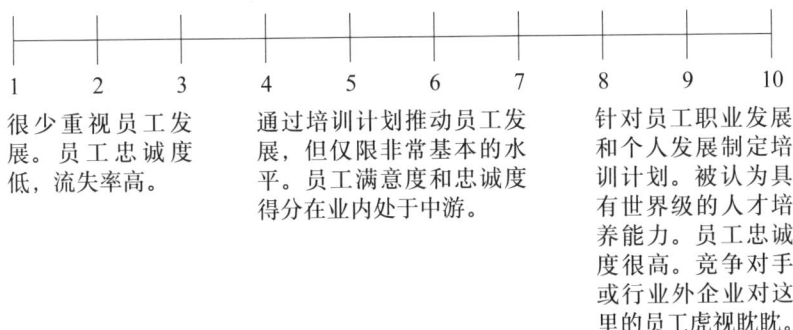

1 2 3	4 5 6 7	8 9 10
很少重视员工发展。员工忠诚度低，流失率高。	通过培训计划推动员工发展，但仅限非常基本的水平。员工满意度和忠诚度得分在业内处于中游。	针对员工职业发展和个人发展制定培训计划。被认为具有世界级的人才培养能力。员工忠诚度很高。竞争对手或行业外企业对这里的员工虎视眈眈。

5. 每个人都要创新

把创新——可以创造新绩效维度的变化——视为企业每个人的责任，而不仅仅是研发人员的事。

1 2 3	4 5 6 7	8 9 10
创新在公司运营和员工责任中优先级低。主要关注现有产品最大化。	有专门的研发部门负责领域内的创新。创新主要是产品导向的。大部分员工不参与创新，不认为创新是自己的责任。	所有员工都被赋予在其经营领域进行创新的责任，近期有这类创新的例子。创新的定义广泛：产品工艺、商业模式、商业联盟等。

6. 定期放弃

定期放弃一些东西——产品、政策、做法等，如果不再有效或消耗资源过多，就要舍弃，为未来的机会让路。

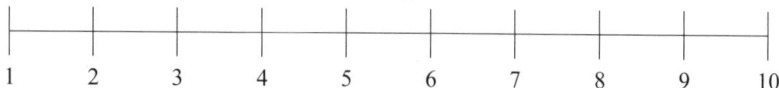

1 2 3 4 5 6 7 8 9 10

习惯把“老一套”沿用几十年。从不真正做“实验”来测试何时必须改变核心业务模式。“希望”商业环境和宏观环境保持不变。确实在创新，但只是在核心产品和服务上“做加法”，从不做减法。	企业确实在创新，也会放弃过时的产品和服务。但主要是跟风。等待他人放弃产品、服务或市场，然后尝试适应变化。	公司已经多次“自我改造”。认为所有的流程、系统、产品都会过时。积极开展创造性破坏。

7. 从所有利益相关者的角度去衡量结果，而不是过程

衡量结果而非过程，既考虑股东，也考虑所有其他利益相关者。

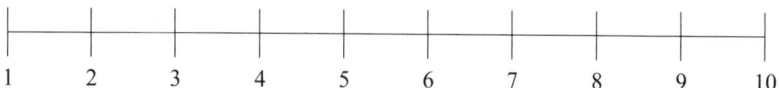

1 2 3 4 5 6 7 8 9 10

组织面向股东、员工和合作伙伴，衡量过程而非结果。不安排定期会议跟踪绩效。	组织跟随“行业标准”制定衡量指标。主要侧重财务业绩和运营。股东的关切主导着高管思维。	是高绩效、结果导向的组织，面向员工、顾客、股东、社区和整个社会。

8. 平衡长期和短期结果

关注长期，而不仅仅是短期。

1 2 3 4 5 6 7 8 9 10

企业主要关注完成季度财务指标。不投入力量了解驱动变化的关键因素。每当财务业绩无法令投资者满意就会削减研发支出。对未来没有明确的观点或规划。	企业在专注于实现短期目标的同时也花一些时间和精力考虑未来。但企业中大多数人都认为，关于需要如何改变来面对竞争，企业花费的时间、金钱、精力都太少了。	企业有15%—20%的精力关注未来。通常有单独的预算和部门专注未来发展。同时每年都能保持良好业绩。

9. 每个人都要践行价值观

践行一套核心价值观，相信企业需要价值观就像“人体需要维生素和矿物质”。

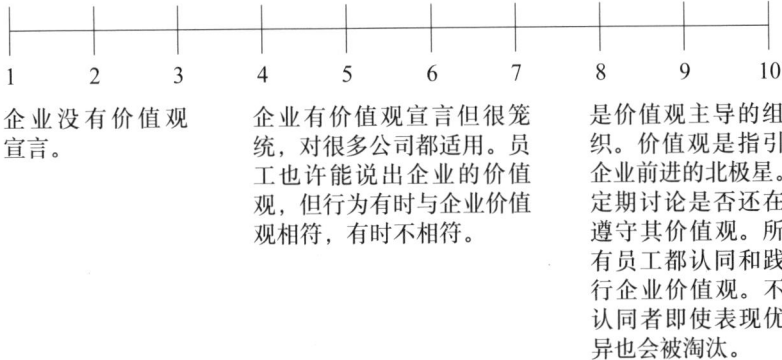

1 2 3 4 5 6 7 8 9 10

企业没有价值观宣言。	企业有价值观宣言但很笼统，对很多公司都适用。员工也许能说出企业的价值观，但行为有时与企业价值观相符，有时不相符。	是价值观主导的组织。价值观是指引企业前进的北极星。定期讨论是否还在遵守其价值观。所有员工都认同和践行企业价值观。不认同者即使表现优异也会被淘汰。

10. 展现社会责任

展现社会责任不仅仅是设立社会责任部门或向慈善机构捐款，更要明白企业需要对接触到的“每个人和每件事”负责。

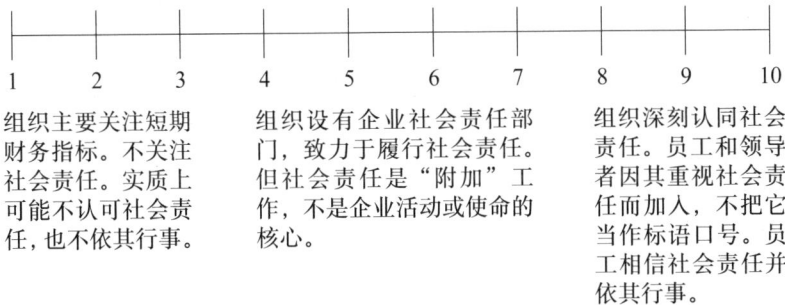

1 2 3 4 5 6 7 8 9 10

组织主要关注短期财务指标。不关注社会责任。实质上可能不认可社会责任，也不依其行事。	组织设有企业社会责任部门，致力于履行社会责任。但社会责任是“附加”工作，不是企业活动或使命的核心。	组织深刻认同社会责任。员工和领导者因其重视社会责任而加入，不把它当作标语口号。员工相信社会责任并依其行事。

附录三　儒家十项原则

1. 有德的行为成就和谐社会

儒家学说的终极目标是和谐社会。社会的和谐是单个成员遵守道德伦理的行为带来的结果。修身是通过不断地反思、实践和评估实现的。

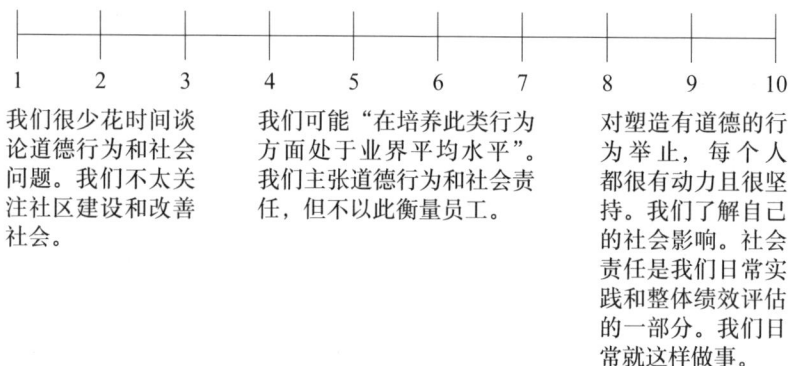

1　2　3　4　5　6　7　8　9　10

我们很少花时间谈论道德行为和社会问题。我们不太关注社区建设和改善社会。

我们可能“在培养此类行为方面处于业界平均水平”。我们主张道德行为和社会责任，但不以此衡量员工。

对塑造有道德的行为举止，每个人都很有动力且很坚持。我们了解自己的社会影响。社会责任是我们日常实践和整体绩效评估的一部分。我们日常就这样做事。

2. 要德治，不要靠惩罚

这条儒家原则指出，德是最有效的管理形式。修身行善应优先于惩戒。

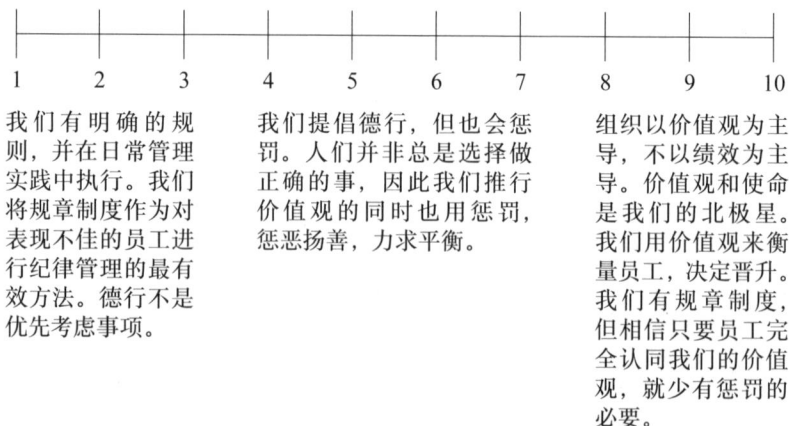

1　2　3　4　5　6　7　8　9　10

我们有明确的规则，并在日常管理实践中执行。我们将规章制度作为对表现不佳的员工进行纪律管理的最有效方法。德行不是优先考虑事项。

我们提倡德行，但也会惩罚。人们并非总是选择做正确的事，因此我们推行价值观的同时也用惩罚，惩恶扬善，力求平衡。

组织以价值观为主导，不以绩效为主导。价值观和使命是我们的北极星。我们用价值观来衡量员工，决定晋升。我们有规章制度，但相信只要员工完全认同我们的价值观，就少有惩罚的必要。

3. 要做正确的事，不要单纯追求利润

儒家原则中的“义”要求明辨是非。人们应该选择做正确的事，而不只是被利润或其他因素驱动。

1　2　3　4　5　6　7　8　9　10

1–3	4–7	8–10
我们存在的主要目的是赚钱。衡量指标就是财务业绩。我们将一切都转化为货币价值。我们努力降低成本提高利润率，不惜牺牲供应商和产业链上其他相关方的利益。	我们知道自己的社会责任和价值观，但我们也是利益驱动的。我们努力平衡二者。我们能辨别是非，但知道总是做正确的事很难，如果潜在收益很大就更难。	组织中每个人都能明辨是非并做正确的事。我们制定令人信服的目标以反映价值观。我们致力于遵守商业道德，不会为谋求利益而牺牲价值观或他人利益去做不道德的事。

4. 千里之行，始于足下

移山要从搬小石头开始。组织的任何重大转变都要从小步骤开始。要产生持久的变化需要长期持续的努力。

1　2　3　4　5　6　7　8　9　10

1–3	4–7	8–10
我们很少努力寻求长期的转变。我们的优先事项往往一年一变，换了领导就变。我们不专注于既定的长期策略。	我们可以说出企业内几个成功的长期转型项目。但也有由于种种因素半途而废的。我们有平衡长期和短期目标的意识。	我们擅长于做长期持续的事。专注于4—6年的策略目标很常见。我们不会经常改变优先事项和行动。我们致力于实现长远愿景，但也能根据需要灵活地实时调整策略。

5. 组织中的每个人都朝着共同的目标努力

为了达成共同的目标或愿景，组织中的每个人都必须共同努力。当组织目标与个人目标发生冲突时，应优先考虑组织目标。

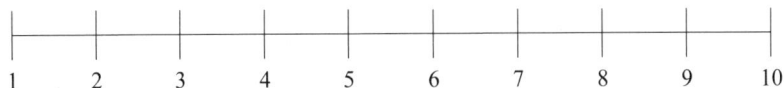

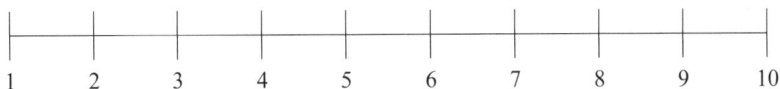

1 2 3 4 5 6 7 8 9 10

1–3	4–7	8–10
我们很难统一个人目标和组织目标。我们有明确的组织目标，但不是每个人都清楚自己在实现目标方面的作用。员工为组织的利益而工作，但也有自己的需求，不总是愿意为组织需求牺牲个人利益。	我们有明确的组织愿景，但员工也有自己的个人利益和优先事项。有时员工会为个人目标舍弃组织目标。我们有集体主义意识，但它在日常运营中不是必需的。	组织中的每个人都朝着共同的目标努力。员工努力使个人目标与组织目标相一致。二者发生冲突时工作职责优先。我们谋求自我发展并不只是为自己，也是为了共同利益。集体主义精神帮助我们保持良好的人际关系。

6. 己所不欲，勿施于人

组织中人们必须互相关照，不限于员工和股东，还应包括所有利益相关方。除了自己的职责外，个人还应努力“己欲立而立人”，并做到“己所不欲，勿施于人”。

1 2 3 4 5 6 7 8 9 10

1–3	4–7	8–10
我们的员工倾向于专注自身。职场内外都不共享不互助。我们的员工认为客户服务只是要完成的任务，不遵循“待人如己”的全面理念。	我们要求员工以客户为中心，努力满足所有利益相关者的需求。但是他们通常不会彼此共享知识，也不会主动互相帮助以更好地服务顾客、服务社区。	组织内外，每个人都像家人一样相互关怀。我们将顾客和合作伙伴的需求视为自己的需求，我们明白，只有他们成长，我们才会共同成长。我们热衷于履行社会责任的活动。我们完全认同待人如己的原则。

7. 拥抱持续的变化

儒家学说的基础理念是，所有机构、家庭和个人均在“不断变化”。富有成效的组织必须拥抱变化。

1　2　3　4　5　6　7　8　9　10

我们的组织建立的目标是在一个时期内参与竞争。我们不会通过实验来“检验未来”。我们乐于仅在当前时期内实现价值最大化。	我们与行业变化和竞争对手保持同步。但我们不常总结过去的经验，面对变化很少快速反应、调整长期目标。我们觉得在组织内各层面推进创新和改变很困难。	我们拥抱变化。我们不断试验，通过试点测试我们的业务模式。我们借鉴过往经验以更好地迎接未来。我们不断调整适应行业以及竞争对手的内外部变化。我们鼓励创意，鼓励破旧立新。

8. 每个人都需要持续实践和反思

孔子认为人人可教。每个人都可以且应该通过学习寻求智慧，无论社会地位高低或财富多寡。学习是自我完善的过程。持续的实践和反思是通往智慧的必由之路。

1　2　3　4　5　6　7　8　9　10

我们对个人或团队发展的投入很少。我们主要雇佣具备所需技能的成熟员工，给他们分配与技能水平相匹配的任务。我们不了解实践和反思的重要性。	我们为“特定人群”而非所有人提供在职培训。我们的培训计划和预算每年根据组织的财务状况变化。我们不特别强调持续学习或基于知识的独立判断。	我们的组织拥有强大的学习文化，我们投入资源进行在职培训。我们知道学习是持续的过程，因此我们鼓励所有员工持开放态度并实践新知识。我们接受批评，并定期进行自我反省和纠正，以便真正吸收新知识。

9. 大家都遵循同一套行为标准和规范

组织应该具备面向所有人的一套标准、统一的社会规范。儒家学说鼓励每个人都按照社会期望行事，相互尊重，为他人着想。

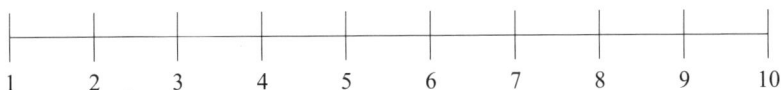

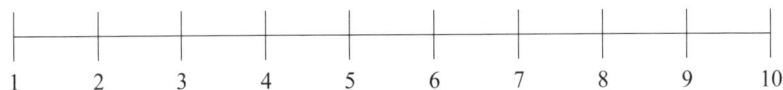

1 2 3 4 5 6 7 8 9 10

我们对组织内的不同群体有不同的标准、规范和期望。例如，评价高管的方式与其他员工不同。

我们有一套规则。但偶尔会对高管和员工、后台和前台员工之间应用不同标准。我们有规章制度规定所期望的行为规范，例如，每周例会和着装规定，但并非组织内各层级、所有人都遵守。

我们有一套明确的准则和标准，代表着我们独特的传统和价值观。我们都知道企业鼓励什么，期待什么。从高管到一线员工，组织中的每个人都遵循同一套规则。规则的执行平等公正，在判断人的方面没有双重标准。

10. 不过度承诺

为了建立和谐的伙伴关系，相关的每个人都必须言而有信。每个人都必须始终信守承诺，绝不能过度承诺。高管应该成为员工的榜样，言出必行，赢得同事和员工的信任。

1 2 3 4 5 6 7 8 9 10

我们的组织通过品牌和营销与利益相关者沟通，但我们不能保证恪守以客户为中心的承诺。对内我们倾向于根据自己说的而不是做的来评估自己。高管有时会在员工福利和晋升机会方面过度承诺。

我们拥有扎实的品牌根基，受到股东和利益相关者的信任。总体而言，我们在兑现承诺方面做得很好，但仍有改进空间。我们的高管和经理在大多数时候都是榜样。

员工、客户和合作伙伴对我们的信任度都很高。我们的产品和服务质量始终有保障，价值观和社会责任也能充分履行，即使这可能增加成本或对短期财务业绩造成负面影响。我们的高管是合格的榜样。我们努力成为顾客长期最可信赖的品牌。

后记

读完本书，我们希望你对德鲁克和儒家思想的一些具有启发性的独特见解有所了解。我们也希望本书介绍的新概念和实践方法可以为你的企业塑造正确方向提供有益指导。

从个人角度看，这次写作之旅是一个非常独特的经历和学习过程。在很多人心目中，彼得·德鲁克是无从企及也无法超越的；伯纳德·贾沃斯基是全球顶尖的营销学教授，也是当今最权威的德鲁克学者——这两个名字如雷贯耳，对我来说遥不可及。我也从未想到过能够有幸师从贾沃斯基教授，并能与他一起联合撰写关于德鲁克管理思想的著作。虽然我们在本书中呈现的观点看起来浅显易懂，但这并非偶然得来。这些成果都是构建在贾沃斯基教授和德鲁克管理学院诸多杰出教授多年辛勤的学术研究工作基础之上的。

也在此分享一些有意思的幕后故事，从我第一次到克莱蒙特说起。在德鲁克的盛名之下，我自然而然会认为德鲁克作为这个小镇上最为人所知的居民，镇中心一定会有一座巨大的德鲁克雕像供来自世界各地的游客排队打卡照相，小镇的其他地方也应该记录着德鲁克的不同元素及生活往事。然而，我想象中的一切都没有，只有小镇一以贯之的朴素低调。相反，你可以看到的是年轻妈妈坐在咖啡馆里，在阳光下摇着婴儿摇篮的同时阅读学术论文，你还可能在餐厅偶遇知名的教授。小镇上没有任何令人惊叹的建筑，即使是德鲁克学院，实际上也只是坐落在一栋外表极其低调朴素的灰色两层小楼中，在二层有一间偏于一隅、看起来极其普通的办公室，和其他办公室一样没有任何标志，这里就是贾沃斯基教授的办公室。

贾沃斯基教授是久负盛名的德鲁克讲席教授。特聘讲席教授是一名教授所能获得的最高荣誉，代表着一个学科的权威。作为德鲁克的学术思想重镇，每年都有很多学生从世界各地来到德鲁克学院学习，虽然人们已没有机会坐在德鲁克的课堂上了。但是，今天很多学生仍为学院的招牌课程——“德鲁克管理思想”而纷至沓来。而在这门经典课程中，贾沃斯基教授就是通过讲解我们在本书中介绍的“德鲁克十项管理原则”作为德鲁克思想的核心精髓来启发学生。

这些原则是极其经典的，我个人就从头至尾上过四次同样的课程。每次再上这门课，我仍然可以学到新的东西，得到新的启发。而且我的经验并非孤例，作为学院最受欢迎的教授之一，贾沃斯基教授虽然有着很高的学术要求，但他的课总是极受欢迎，以至于学生们通常需要在选课登记开始时设置闹钟，以确保可以抢到上课的名额。

再讲一个关于贾沃斯基教授办公室的小秘密，这是连许多在德鲁克学院学习多年的学生都还不知道的。这个看似极其普通、没有任何特殊标志的房间，其实就是德鲁克先生曾经笔耕多年的地方，而我们今天阅读到的许多重要作品也是出自这间办公室。如今，正是坐在德鲁克曾经的办公室里，从同一扇窗户望向未来，贾沃斯基教授同样在这里投入了大量精力，为德鲁克管理思想的当代化开展卓有成效的基础研究工作——而这项工作正是为了反映当下的商业变化，从而推动理论与实践相结合。在贾沃斯基教授看来，这是推动德鲁克思想向前发展的必然方向所在。

要当好贾沃斯基教授的学生非常之难，我选读了他教授的所有课程，但是在诸多课程中也总是只能得到A-，从未能从他那里得到过全A。跟随权威教授做研究压力只会更大，尤其是作为贾沃斯基教授在他25年职业生涯中唯一接收的博士生。贾沃斯基教授是一位杰出的德鲁克原则实践者，他不仅向学生教授德鲁克思想，同时也是这些价值观和原则在现实中活生生的榜样。

有幸师从贾沃斯基教授，其实对我而言像是改变了生活的魔法之光。从我个人成长的角度来看，这个研究和写作过程让我终身受益，更重要的是这项工作有着崇高的宗旨。我们相信，本书所分享的新知识创造了新的学术和实践价值，将使中国读者获益。我们观察到中国管理者的新需求，并将德鲁克管理思想和儒家思想进行比较研究，就是为了提供更适合中国当代环境下的解决方案。同时，感谢东方出版中心的支持，使我们能够直接用中文出版这些新的研究成果。我们是用英文撰写原稿，翻译过程中遇到的困难在所难免，因为这不仅是语言的翻译，也是思维方式的转换。正如从运营模式或产品/技术引领性企业到方向引领性企业的转变一样，这代表了根本性的思维转变。

贾沃斯基教授在长期的教学、写作和咨询服务中积累了全球500强公司的常见问题和经验，为我们提供了有益的参考。但是，我们仍在本土化实践过程中遭遇了跨文化应用问题的“迷失”，特别是在交控科技的案例研究中。所幸的是，最终结果是令人满意的，我们很高兴看到我们的理论框架可以为中国企业提供实用价值。在当前瞬息万变，充满不确定性的环境中，我们希望通过积极的知识分享帮助更多的中国企业塑造方向，建立可持续发展能力。

张曼姿

2021年10月于深圳